U0054121

跟著
貨幣去旅行

首席外匯策略師教你輕鬆玩、聰明賺

簡單的說，貨幣就是手中的交易物，就像一斤豬肉或是三斤雞蛋，
當貨幣變成通貨時，價格產生了，交易市場自然也就成立了，
在這個債轉債的時代，商品貨幣易漲難跌，
精明避險，聰明玩——
跟著貨幣走，掌握擁抱財富的機會！

台新國際商業銀行金融市場處
—— 首席外匯策略師 **陳有忠**◎著

歡迎來到有忠的貨幣世界

有忠是我在台新銀行十餘年的同事，是一位優秀的外匯專家。他曾經在證券公司從事債券交易及產業研究的工作，也在投信、投顧業擔任過基金經理人及投資顧問。在台新銀行服務的這段日子，他負責有關利、匯率及總體經濟等報告之撰寫，也提供同仁及客戶有關外匯的house view及金融市場報告，更常擔任客戶「金融市場情勢」說明會的講師，以及定期接受電台專訪有關於匯市的展望。在金融市場，尤其在外匯方面的實務經驗相當豐富。

提到貨幣，最直接的就是藉由貨幣的便利性，輕鬆地交換到各種商品及勞務，甚至是其他國家物品，當不同的貨幣能夠進行自由交換，就產生了匯率；而匯率的波動，反映出一個國家的經濟狀況。台灣長期仰賴國際貿易，財政部每月7日公布進出口貿易額，經濟部每月20日公布外銷訂單金額，都是瞭解目前台灣貿易狀況的指標，其中匯率的角色在於即使只有些微的升貶，也會影響進出口的價格，因此匯率的走勢可連帶觀察一個國家的景氣；換言之，培養對「貨幣價格」的敏感度，事實上就是關心個人的荷包。企業應該時時刻刻注意匯率的變化，個人也可以經由瞭解貨幣和匯率，妥善規劃個人的理財計畫。

有忠的這本書便是從國際上主要的儲備貨幣談起，進而談到如何判斷強弱貨幣，觀察各貨幣的價格，有效進行投資和避險，包括如何做好外幣資產分配，最重要的是，他將自己在

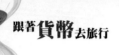

金融界十六年的實戰經驗心得,善用其累積債券、基金經理、
外匯分析等全方位領域的寶貴經歷,不藏私的與廣大讀者做分
享。我非常高興能為有忠作序,相信對這些議題有興趣的朋友
們在閱讀完本書之後,對這個多變與籠罩悲觀氛圍的國際匯率
市場,會有不一樣的看法,並從中得到不同的建議;入門者也
能藉由書上的分析與指引,瞭解國際局勢與市場走向,找到一
個明確的投資方向。

台新金控董事長　吳東亮　謹識

2012.09

全能型的總體經濟家——獨到又專業

認識陳有忠先生已有多年，記得是在一次東森亞洲台的財經節目上和他一起同台評論財經時事，當時對他留下深刻印象：專業且邏輯清晰。直到後來我主持了NEWS98新聞台〔財經晚點名〕，就請他當我的固定評論人，每一到二週請他針對全球經濟情勢，尤其是他最拿手的匯市，向廣大的聽眾做出最新的評論。

2012年澳幣曾出現很大的波動，一度從最高點的1.08兌1美元，貶到0.95兌1美元，還記得當時陳有忠在節目中說：澳幣貶到0.96就可以買進了！他當時指出，澳幣的貶勢已達到2個標準差，再貶有限。果然，隨後澳幣止貶回升，一路走回到1.06附近，足足回升了10%。相信不少聽眾有賺到這波澳幣財，這都要感謝陳有忠。

有忠不僅對匯市有著獨到的見解，他的分析領域涵蓋了全球股市、原物料與債市，可說是全能型的總體經濟專家，尤其口條清晰且為人謙和又樂於分享，真的是很難得。我個人這幾年在節目中訪問他也得益不少。我新書《反崩壞，打破99：1》發表會邀請他和唐祖蔭兄來站台，許多到場的節目聽眾就是因他二人而來，可見他的人氣。

今年我和葉子出版社的葉忠賢大哥商量出一系列有益讀者的財經書，除我自已寫一本外，有忠當然是我邀約的不二人選，而他也爽快的一口答應，而且都不用催稿，如期將稿子交付，做事態度嚴謹，再讓我增加了對他的敬佩。

有忠的《跟著貨幣去旅行》真是本好書，內容除了把重要貨幣從美元到歐元再到人民幣與日圓的歷史、現況和未來講得透澈之外，更教了大家如何操作外幣，從技術分析到他個人一些獨到心法，有忠都大公無私地公開，其中有許多秘訣是很值得細細品味的。

08年之後全球經濟不振，歐洲債務揮之不去，中國大陸亦遇到了20年來發展的瓶頸，台灣出口連月下滑且負成長，景氣陷入藍燈，年輕人似乎沒有了未來，談話節目講的都是22K，在有忠書裡分享了一個「渴死在海邊」的故事，講的是一群遇船難漂流到小島上的一群人，因為找不水源而渴死，但只有一個人在絕望之餘喝了一口海水，才發現是淡水，原來是地下水從海裡冒出，這個人因而得救。這個故事正好讓所有讀者明白，只要願意嘗試是永遠有機會的，無論股市、匯市或就職就業，缺的不是機會而是能力！

有忠這本書要我們每一個人都練出一身能在金融市場裡打拼的好功夫，從他首席貨幣策略師的多年功力傳導下，這本書不但適合初學者，也可讓進階者學到很多，是很全方位的書，同時，有忠的文筆流暢，內容專業但讀起來一點也不枯燥，讓看的人不忍釋手，是我今年看過最好的財經書。

我個人身為葉子出版社「財經晚點名」財經系列書的邀稿主編，在此很榮幸也很興奮的向所有讀者推薦有忠這本《跟著貨幣去旅行》，相信讀過的朋友一定能認同我這篇序言。

《反崩壞，打破99：1》新書發表會現場（右
為陳有忠、左為唐祖蔭）

NEWS 98電台【財經晚點名】主持人

阮慕驊

當各國以鄰為壑競相貶值下，
總有貨幣率先浮出水面

　　陳有忠是我過去指導EMBA的學生，在學期間，有忠就對國際金融相關議題呈現高度的興趣，常常於課堂上發表意見，並在課堂後私下與我討論，包括各國貨幣和匯率變動的研究、國際金融商品的新發展、各國財金局勢的變化等議題。畢業後，有忠一直從事金融專業領域方面的工作，亦常常在電視台和廣播節目中發表其個人對當前金融議題的觀點，對一位長期關注金融情勢變化的實務專家而言，有忠確實累積了相當豐富的實戰經驗。因此，有忠所寫的這本《跟著貨幣去旅行》，可以提供讀者有關貨幣金融方面相當完整的實務知識。

　　台北時間9月14日美國聯準會主席Ben Bernanke宣布啟動第三階段量化寬鬆政策（俗稱QE3），聯準會準備開始每月購買400億美元的資產抵押債券，直到美國經濟情況明顯改善為止，長期來看這筆金融相當驚人。由於美國聯準會具備就業極大化和價格穩定兩大任務，此項貨幣寬鬆政策QE3乃聯準會單純地從美國經濟的觀點所做的考量，畢竟美國目前面臨了失業率居高不下，而物價又相對平穩的情況下，實施QE3即在提供金融體系更多的流動性，搭配先前QE2的扭轉操作，目的在於引導美國民間部門進行大量的長期投資，以帶動美國經濟的復甦和成長，進而創造更多就業機會和增加政府稅收。

　　這本書在此時此刻出版正好碰上歐債危機、美國經濟失業情況嚴重、世界各國普遍呈現出口衰退、國際商品價格波動幅度擴大等不利的金融局勢之下，作者提出六大贏家操作策略，包括獨立思考的思維、伺機而動的嗅覺、果斷的手腕、敢於冒險的精神、量力而為的控制力和精準的獨特眼光等。如果讀者能仔細閱讀本書的內容，則自然可以做到「聰明投資、聰明避險」的穩健操作策略，即使一般認為相當困難的外幣操作，本書也從過去各國主要貨幣的變動情形，提供外幣操作策略的致勝關鍵。

　　另外，眾所關心的人民幣升值的議題，本書亦有相當著墨，包括引用諾貝爾經濟學獎得主孟代爾的看法：「目前中國對於貿易順差及外匯儲備愈來愈多，匯率改革不能走得太快，也不應大幅升值或立即開放匯率，因為經濟條件還未成熟……，」以及「中國官方就是有意把人民幣升值與CPI漲幅連結在一起」等，均具有相當的參考價值。當然本書花了相當多的篇幅告訴讀者贏的策略，特別是技術分析的操作策略，顯然作者根據多年來實務方面的操作經驗，獲取寶貴的操作手法，提供給了讀者閱讀本書的另外一項收穫。

台灣科技大學財務金融研究所教授

劉代洋

C O N T E N T S

chapter 1　**不斷修正的貨幣主**

1.6 黃金真有勁,為它按個讚　54
世界局勢窘迫,氣候變遷,糧價攀升,
黃金與熱錢究竟會往哪裡跑……

chapter 2　**跟著貨幣去旅行**

2.1 利率之所在,匯率也　66
貨幣的獲利空間怎麼找?
哪一種貨幣是投資人還能投資的?

2.2 跟著共同基金布局貨幣準沒錯　70
褪色的金磚四國,新磚再起?
最夯的主流商品——共同基金。

2.3 商品貨幣易漲難跌,未來將持續夯下去　73
市場裡,沒有何時是最高價的問題,
只有何時入場與何時出場……

2.4 跟著貨幣去旅行　79
貨幣,可以是理財工具,
也可以是最佳消費選擇。

C O N T E N T S

CONTENTS

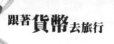
財政懸崖　財富重分配

　　從2008年金融海嘯迄今，相信聰明的投資人已席捲了一筆為數可觀的獲利，落袋為安，也正靜觀其變的等著另一波的財富重分配。「財政懸崖」，有趣的形容詞，它有很複雜的經濟寓意，需要了解它嗎？恐慌嗎？其實不必，套句有錢人、成功人士常說的一句話：「危機就是轉機，更是絕佳的獲利時機。」就像我在書中所提到的，市場就像子彈列車，沒搭上2009年那班列車的你，可想過2012、2013年是否又是一班財富重分配的列車？！

　　油價不斷地上漲，讓你我的荷包大量失血，心裡也跟在淌血難過，不知你有沒有發現，存摺裡的存款正一點一滴、慢慢地被通貨膨脹給偷走了……全球經濟自2008年的金融海嘯肆虐過後，一直都處於療傷止痛的階段，遲遲未能恢復到原有的健康風貌；2009年底的歐債危機，可說是金融海嘯的餘毒未清乾淨，卻又引發傷口再次感染，而這次的併發症更擴散至中國，使得中國經濟明顯降溫，面臨內有轉型推升成本的壓力，外有歐債危機與美國景氣低迷，讓中國出口面臨難以吞下的窘境。影響所及，2012年中國面臨了自1999年以來，經濟增速最為緩慢的一年，使得中國這班經濟列車，將開始由特快車軌道換軌至普通車軌道。而環視全球各大經濟體均無一倖免於難，使得各國被迫須採取「財政從緊、貨幣從寬」的策略去應對，尤其是已開發先進國家開始步入「貧血式」經濟成長的循環週期，有人形容這是一種「僵屍式」的經濟成長，代表了接下來的這些年，都將大幅削減全球對消費支出的慾望，那麼，低利率的

環境恐怕還得再維持一段相當長的時間才行，也將逼著投資人不得不朝向「微利是圖」的方向咬牙前進。

又來了！美元遍地灑？

2012年底美國因稅務優惠即將終止，且自動減赤機制將於2013年初啟動，公共開支將面臨大幅縮減，也就是說，2013年初美國的財政恐將步步逼近「懸崖」的險境，估計2013年美國預算赤字可能大幅下降6,000億美元以上，雖然這對美國財政負擔的改善是件好事，但不巧的是，由於現在的經濟環境低迷惡劣，一旦優惠稅賦大幅縮手等同是向人民恢復增稅，在這消費意願薄弱的年代，無疑是雪上加霜的惡耗，使得依賴消費支撐的美國經濟前景堪慮，2013年美國經濟成長率有極大可能會步入顯著的衰退。

從另一個角度來看，由於財政赤字可望獲得大幅改善，美元將因此受到激勵而大幅攀升，這將使得美國龐大的貿易赤字，更形惡化，這可不是美聯儲（FED）願意見到的情況，勢必逼得FED不得不再度出手，如2012年9月13日，一見通膨威脅消除，便急於展開第三輪的量化寬鬆貨幣政策（QE3）。實施的主要用意，還是在壓抑美元防止走高，最好能令美元再度回到跌勢的老路，然而，這又將波及另一輪的物價上揚，等同鼓勵人民提前消費，進而幫助經濟增長。

另外，對於任一波的量化寬鬆政策，美國民間企業都會大表贊同，鼓掌叫好。因為對美國國際型大企業來說，它們早已是海外營收遠大於國內營收了，若美元下跌則非美貨幣就會上漲，那麼海外營收所拿到的非美貨幣就會大幅增長，對於國際

型大企業整體營收及獲利能力上，有如吃了一顆大補丸；而對一般美國中小型企業，美元貶值可直接幫助它們的出口增長。所以說，實施量化寬鬆貨幣擺明了是要把美元導向貶值，不管是對美國政府解決雙赤字（財政和貿易赤字），或是對民間企業來說，都是雙贏的良策。因此，我形容FED未來可能再度的實施量化寬鬆貨幣政策（QE），等於是「裹著糖衣的毒藥」，當美國口頭嚷嚷著QE時，美元就會自動回弱反應，就這樣不花一槍一彈，只用口水就可造成美元價格起伏，何樂而不為。

顯然QE成了調配美元漲跌的良好工具，除非藥效已經消除，否則FED是不會隨意掀出QE這張底牌；若「狼來了」喊了太多次而失效，美元不就範，反而走強的時候，就又是輪到FED該出手祭出QE虎頭鍘的時刻，我認為只要2013年初「財政懸崖」的問題無法有效解決的話，恐怕QE這個戲碼又會不斷地上演。

美元凋零，歐元混亂，手上的外幣該怎麼辦？

綜觀現今國際匯市仍然是由美元主宰作莊之下，其他國家的貨幣，看來只能淪為賭桌上的陪客而已！難道投資人只能受制於美元上下波動的任意擺布嗎？其實不然，我們大可不必跟美元去硬碰硬，可以學習如打太極拳法一樣，切忌正面衝突，要以柔克剛來對付。

首先，要瞭解美國政府基本的思維，美國要解決長期困擾著雙赤字惡化的窘境，最有效且穩健逐步改善的良方，就是要把美元長期資金的成本壓低，也就是要把代表美元長期資金成本的美國10年期公債殖利率的水準，壓低到比美國經濟成長年

增率還要低的水位，這樣代表1年所努力賺到的錢，除了付得起欠債的利息之外，還有餘力逐步攤還所積欠的本金債務。因此，即便沒有QE，FED還是會想盡辦法來壓低長債利率水準，以保護各國所持有的美債部位，不至於導致該國帳上出現巨額的未實現投資損失，以讓各國有繼續持有美債及加碼的誘因。

　　看了上述這些國際局勢的基本分析判斷，您說美元會漲到哪裡去？除非是全球再度面臨經濟大衰退的慘況，美元再次成為避風港而大漲，否則未來美元長期的走勢將是易跌難漲的格局，那麼，我們還死抱著美元幹啥！只要美元沒有終止寬鬆貨幣的一天，全球原物料價格都將面臨驚驚漲的局面，因此，大膽地把資金移往與原物料相關的商品貨幣去投資就對了，至少在這次景氣緩步復甦循環周期結束之前（預計一直要到2015年），預期商品貨幣的匯價是會一直夯下去。

　　目前全球經濟面臨全面衰退的最大變數就在歐債危機，基本上我對歐債危機的看法是——「只要政治可以解決的，就不是經濟問題」。我認為歐盟區以德法為首的幾個大國，現階段還沒有哪一個國家膽敢掀開歐債這個潘朵拉的盒子，令歐元炸彈引爆，不然的話，屆時恐怕全球資金又得全部躲進美元去避險了，那麼美元爆漲將會傷害到美國利益，這可不是美國願意看到的景象，美國佬自會出面當起和事佬來解決，而中國也不願失去歐盟這個國際貿易上的最佳盟友；例如，2010年6月，當歐元即將跌破1999年上市價的1.18美元之前，中國立即投入至少超過550億歐元以上，來拯救歐債危機以防止蔓延。由此觀之，歐債危機將獲得各主要大國之間的政治妥協，全力延緩病情發作，所以，投資大眾勿庸人自擾，不要害怕把錢鎖在保險箱了，趕緊拿出來尋找適合自己的投資方式，勇於入市吧！

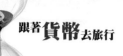

 搞懂技術操作，迎接財富人生

　　有人說外匯市場有如洪水猛獸、一日數變，真是冤枉啊，大人！其實操作匯率並不難，外匯投資可說是相對安全的投資標的，心想若投資股票，就怕看走了眼，一旦投資不良公司的股票，一不小心就有可能因公司經營不善而下市，讓您手中的股票變成一張壁紙。但投資貨幣不會，即便不小心買到冰島克朗（2009年冰島破產），克朗也不至於從地球上消失，把它庫藏至銀行定存戶頭，2年後冰島克朗就見回升，並收復當初貶值三分之一的失土，預料再過幾年在本金加上高額存款利息合計之下，很快就有可能回到當初風暴前冰島克朗的價格了。

　　在這個什麼物價都上漲的年代，而台灣的利率水準又唯恐將逐漸步上日本的後塵，若仍然死守著台幣的四行倉庫，收到的存款利息永遠也趕不上物價飆漲的腳步，錢只會愈來愈薄，如果沒有明智地進行外幣投資，分散風險的話，將使得您的存款資產，一步步被侵蝕而渾然不知，難道您還要坐以待斃嗎？其實您可以跳離這既有的框架，本書將教給您如何做好完善外幣資產配置的最佳方式，利用匯率間具備零和遊戲的原理，教您如何有效規避匯率風險，讓您整體的外幣存款資產達到自然避險，而不用去擔心國際匯價的任何劇烈波動，讓您在投資外幣的同時，睡得安穩、吃得下飯。

　　儘管未來匯市不可能會風平浪靜，主要國際匯率走勢也不會有較明確的單行道方向去行駛，後市很難看到哪一個單一貨幣可以獨領風騷，預期未來國際匯率價格朝向區間內來回振盪的情況只會更劇烈，投資人恐怕很難從匯率交易短暫進出的操

作上，獲得豐厚的投資報酬率，難道要坐困愁城嗎？還是繼續與定存利率PK，尋求僅能勝過穩健保守的利息收入呢？其實您有更佳的選擇機會，這時候您更需要利用本書，學會技術分析的基本技巧，只要有這個技術分析的釣竿在手上，就可以在各種投資金融商品的池塘中游刃有餘，輕鬆跳脫眾多紛擾的基本面數據與多空消息面等糾葛，成為絕佳的輔助工具與技能。

　　身為投資尖兵的我們這群熱忱工作者，沒有逃避戰場的權力，更不能怯戰，記得我銀行的鍾總告誡我們的一段話，有一種債務千萬不能背在身上，那就是「壓力」，如果壓力愈積愈多，它總有一天會加倍地討回去，那就是當你身體無法負荷的時候，就會開始暴發出病來，因此，要適時地尋求管道來紓解己身的壓力，最好是能找出屬於自己所喜愛的興趣來轉化壓力。他舉了一個很有趣又深具寓意的建議，不知大家有沒有注意到壓力的英文字是「stressed」，若把這個英文字從後面倒過來拼寫，就成了「desserts」，也就是甜點！聰明的老祖宗其實早就提示我們，只要懂得轉換心情和情境，壓力自然就會變成甜點，投資理財又何嘗不是如此。在現今充斥著對未來景氣焦慮、沮喪言論的惡劣投資環境裡，投資理財的朋友們，不妨換個角度想想，當你退一步看看、反向思考，或許能找到打破僵局的方法，找到易於攻打、屬於自己的戰場，不再走冤枉路。

不斷修正的貨幣主

1

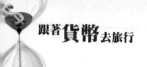
黃袍加身與掉漆

是黃袍加身還是美金掉漆，
貨幣市場裡到底誰說了算？
'13、'14、'15、'16後的貨幣版圖，是誰啃了誰？
在這場金流裡，投資人該往哪裡看⋯⋯

 黃袍加身的世界貨幣霸主

　　二次世界大戰結束後，美國以絲毫未受戰火波及的戰勝國之姿，品嚐著黃金源源不斷流入美國所帶來的甘美。從1938年開始，美國的黃金儲備規模自145億美元增加到1945年的200億美元，占了世界黃金儲備的59%，直逼整個全球主要央行黃金儲備的四分之三的龐大規模，當時美國的國民生產總值占了全球國民生產總值有60%之多，就這樣子美國一躍而為世界經濟盟主。

　　1944年，美國號召44個國家在美國新罕布什爾州的布雷頓森林，召開聯合國貨幣金融會議（簡稱布雷頓森林會議），成立所謂的「**布雷頓森林貨幣體系**」[1]，設立由美國所把持著的國際貨幣基金組織（IMF）和世界銀行（WB）這兩個主要的國際

---

[1] 布雷頓森林貨幣體系（Bretton Woods System）主要的內容是確立以下幾點：(1) 各國貨幣比價的掛鉤。(2) 各國貨幣的兌換性與國際支付結算的原則。(3) 確定國際儲備資產。(4) 國際收支的調節。(5) 成立國際貨幣基金組織。

金融機構，建立一種以美元為中心的國際貨幣體系，包括美元與黃金掛鉤、其他國家的貨幣與美元掛鉤，以及固定匯率制度的施行。

美國如此登高一呼，便一統了全球貨幣江山，擠下英鎊榮登世界貨幣霸主，並以美金之尊與黃金並駕齊驅。美元有了這黃金外衣，就如同黃袍加身般，國際通用的美元成了所有國際原物料交易的報價基礎。二戰後，美國經濟規模不斷擴大，成為世界最大的經濟體，全球幾乎各個國家都得跟美國人做生意。1946年12月，國際貨幣基金組織正式公布美元含金量為0.88867克；也就是說，當各國央行手中握著美元時，就不會只想著等升值，轉而想要有投資收益產生，於是便購買了美國發行的公債，在1946至1971年間，每年都有不錯的利息收入；當然，若自己國家也要發行外債時，便必須有相當比例的黃金作為擔保，提列黃金準備，此時便會以美國公債賣出所得到的美元，或是由國際貿易所賺取的美元，向美國以黃金官價每盎司35美元換取黃金，來作為該國央行的黃金儲備；值得注意的是，黃金儲備可是沒有任何孳息收入的，僅能藉由買賣賺取差價而已，一個不小心就會有投資上的損失。

 黃金掉漆下的霸權地位

二戰後的通貨膨脹、朝鮮戰爭和越南戰爭時期，使得美國物價在1934到1971年間上漲了2倍，但美國仍持有其35美元兌換1盎司黃金的雄厚實力，這期間造成了嚴重高估美元、低估黃金的不合理情況。這時各國央行開始轉而儲備黃金，將手中的美元脫出，兌換成黃金以增加黃金儲備量，隨著日本和西歐經濟

復甦，以及全球經濟的迅速發展下，美國的霸權地位開始不斷下降。

　　1950至1960年期間，美國蠟燭兩頭燒，除為發展其國內經濟外，還得應付美國出兵朝鮮、越南所需支出之龐大軍費，結果是國際收支產生逆差，於是美國不斷增加貨幣發行量，使美元的實質價值遠低於黃金；此外，國際間的反美情勢不斷蔓延，接著法國帶頭把所有的貿易順差轉而用黃金的形式進行儲備；就這樣子，美國的黃金儲備量從1948年的7億盎司一路下降至1970年的2億5,000萬盎司，足足流失了近三分之二的黃金儲備量。

　　美元的超額供應與相對於黃金的超額需求現象，使得國際市場投機者看準了美元兌黃金固定匯率制有將要瓦解的趨勢，推波助瀾地大肆狂借美元、作多黃金的賭注，終至固定匯率制度徹底崩潰。1971年，「美元危機」產生，美國經濟衰退、資本大量流失、美元在全世界氾濫成災，儘管美國政府為挽救美元採取了許多應急措施，但都未能奏效，最終美國黃金儲備面臨了枯竭的危機，於是不得不放棄美元**金本位制度**[2]。1971年尼克森總統宣布，取消金本位的固定匯率制度，這就是知名的「布雷頓森林協定的瓦解」。美元失去了其等同黃金的特殊地位，黃金這層外衣可說是硬生生地給剝了下來；不過，國際貨幣基金組織和世界銀行，這兩個作為美國傀儡的重要國際金融組織仍得以存在，繼續發揮其在全球舉足輕重的影響力。也就

---

[2] 金本位制度，是指每單位的貨幣價值等同於若干黃金的含重量，也就是貨幣的含金量。但事實是國際貨幣基金組織於1974年便宣布了「特別提款權」（SDR）與黃金脫鉤，進而廢止黃金官價，再加上各國相繼實行浮動匯率，貨幣含金量已形同虛設。

是說，美國的黃金龍袍是給剝了，但仍舊鍍著金在詭譎多變的國際金融體制下呼風喚雨。

 美元等同於嗎啡?!

美元在國際貨幣體系中的霸主地位，給了美國無比龐大的利益。美國用公債換取全球便宜的資金，把流通在外的美元透過美國公債再換回國內使用，使得美國得以肆無忌憚地一直印國債換美鈔，此舉無異是讓世界各國持續買單，美國就得以持續編織他「強勢美元」的謊話，享用取之不盡、用之不竭的全球貨幣資金。

怎麼說呢？美國向他國舉債是以美元計值，而美國持續讓印鈔廠毫無節制地加印美元，來造成美元貶值，減輕其外債負擔，同時又可刺激出口，改善其貿易收支惡化的狀況；再則，由於美國經濟實力雄厚，投資環境相對穩定，在美國投資相對能帶來較多的利潤，許多人都想到美國投資，就這樣造就了現今的龐然大物——「華爾街」[3]—— 全球金融的主宰者。美元資金回流使得美國利率下降，公債發行成本的大大降低，彌補了財政赤字的龐大缺口，這正是戰後美國雖然歷經了數十年的高額財政赤字，卻依然還能保持經濟秩序穩定的主要原因。不過，說也奇怪，明明各國都知道強勢美元是個幌子，但還是卯

---

[3] 2008年金融海嘯後，華爾街非但沒有從中記取教訓，反而是竭盡全力遊說國會試圖扼殺所有金融監管法案，導致政府在監管華爾街、保護消費者、改革金融秩序等方面遲遲沒有具體措施出臺，抗議者一方面表達對華爾街貪婪無度、缺乏自律的憤怒，一方面也對金融機構缺乏監管，金融市場功能失靈表達不滿。

起來拼命一直買美債，即便償債不對等，或者乾脆說是不用負責任的，全球就像吞下嗎啡一樣，怎麼戒也戒不掉。

因此，美國將盡全力維護美債在國際間唯一最具流通性與安全性投資工具的地位，只要國際間有任何國家的債券想要企圖取代美債，或從中分一杯羹的話，美國勢必會想盡辦法打壓它，令它胎死腹中，不會孕育而生。2010年，歐債危機，不禁讓人聯想，其中是否早已中了美國的圈套及布局呢？在出現債信問題的南歐國家中，有不少是聘請高盛當財務顧問的，不得不讓人聯想到是美國在從中作梗；其實，**美國首要的假想敵並不是歐元而是「歐元區共同債券」**，因為它怕哪一天歐元區共同債券取代了美債的地位，進而擠下美元讓歐元成為下一個國際的盟主，那會是美國最大的惡夢。

戒掉嗎啡真這麼難嗎？

從QE1到QE3，美聯準會到底做了什麼？
債權人成了乞丐，討食之餘，
破爛的航空母艦坐還是不坐！

目前全球原物料市場幾乎都是以美元報價，所以當美元貶值時，原物料生產國出口所賺取的美元就會縮水，而原物料生產國為了要維持原預定的利潤時，就必須反映在原物料價格的漲價上。由於美元是國際貨幣，當美國出現貿易逆差時，美國政府就可以透過印製美鈔，壓低美元使其貶值，增加美國貿易出口，彌補其貿易赤字的缺口，維持國民經濟平衡——這樣美元貶值所造成的國際原物料上漲，成了將通貨膨脹轉嫁給其他國家。

 ## 誰綁架了全球經濟？

2008年美國次貸危機引爆全球金融海嘯，面對自1929年經濟大蕭條以來最嚴重的金融危機和經濟衰退，美國為了解決房市泡沫、消費緊縮及失業率高漲等種種頭痛的經濟衰退問題，

開始使出殺手鐧——量化寬鬆貨幣政策（Quantitative Easing Monetary Policy，簡稱QE）[4]。

2009年3月，因次貸危機，美聯儲會（FED）啟動第一輪量化寬鬆貨幣政策，透過購買1.7萬億美元的中長期國債、抵押貸款支援證券等將資產負債表迅速擴大，力圖用這種注入流動性的方式來刺激美國經濟增長。不可否認，在挽救美國金融體系免於崩潰方面的確是起了一定作用。2010年11月，FED實施第二輪量化寬鬆貨幣政策，宣布在2011年6月底以前逐月購買6,000億美元的美國長期國債，以加快美國經濟復甦步伐。而這兩次的錢從哪裡來？都是由FED伸出另一隻手去啟動美元印鈔機得來的。

美聯儲會在大舉購買美國國債下，推升美國國債價格，降低其殖利率，從而使相對應持有美債的國家（如中國），在外匯資產上存在相當大的美元貶值風險。因此，美國實施量化寬鬆貨幣政策最直接的表現之一，便是使美元大幅貶值，有利於美國的貿易出口，但是相反地卻導致所有相對應經濟體的貨幣升值。美國搞這麼一種以鄰為壑的貨幣行為，間接促使各國被迫不得不阻止本國貨幣升值，紛紛競相效尤，大家都玩起了這種量化寬鬆貨幣政策，結果就是，貨幣氾濫了，通貨膨脹出現了。這就是為什麼美國實施量化寬鬆貨幣政策之後，同時也埋下了全球通貨膨脹的種子，也可以說是美元綁架了全球經濟，而要全球各地為美國付出通貨膨脹的贖款。

---

[4] 量化寬鬆貨幣政策，「量化」指的是創造出指定金額的貨幣，而「寬鬆」則是指減低銀行的資金壓力，也就是由各國的央行透過公開市場操作，提高貨幣供應量，減低各銀行的資金壓力，而這種貨幣是一種「無中生有」、指定金額的貨幣。

FED實施QE後對美國經濟情勢之影響

	QE1 （2008年11月至2010年6月）	QE2 （2010年11月至2011年6月）	QE3 （2012年9月12日～）
主要政策內容	FED買了1.25萬億美元的抵押貸款支持證券、3,000億美元的美國國債和1,750億美元的機構證券，累計1.725萬億美元左右。	實施為期8個月，期間分批買入6,000億美元的公債。	預期本次的QE3將讓FED有更彈性的貨幣操作空間，藉由這種彈性的經濟刺激政策減緩市場對QE的預期心理，最終希望讓市場回歸基本面，而非政策刺激面。
實施後對美國經濟情勢之影響	1. 對美元指數的影響：由88.46下跌至85.00，美元貶值4%。 2. 對股債市的影響：道瓊股票指數由7449點升至10594點，升幅約42%；10年期美債殖利率由3.74%降至3.06%，債券價格漲了近18%。 3. 對物價的影響：美國的CPI由1.07升至2.02%。 4. GDP的影響：年增長率從-3.3%上升到2.5%。 5. 對失業率的影響：失業率年增率由6.8%升至9.4%，失業仍呈現惡化而未能改善。	1. 對美元指數的影響：由76.48下跌至74.3，美元貶值2.9%。 2. 對股債市的影響：道瓊股票指數由11190點升至12400點，升幅約10.8%；10年期美債殖利率由2.58%升至3.16%，債券價格跌了22%。 3. 對物價的影響：美國CPI由1.1%升至3.6%。 4. GDP的影響：年增長率從2.4%上升到2.5%，對美國季度GDP並未出現明顯改善。 5. 對失業率的影響：失業率年增率由9.8%降至9.1%，失業改善情況不顯著。	1. 將以每個月400億美元的速度購買不動產抵押貸款證券，只要通膨受到過制將持續實施資產購買行動，直到就業前景明顯改善，是一項沒有上限的時間表。 2. 將目前實施的0.00%至0.25%的低利率政策，至少展延到2015年中期。 3. 不印鈔票的扭轉操作手法續行，每月增購850億美元長期證券。

（資料來源：作者整理製表。）

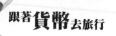

 好一場乞丐趕廟公

　　用這句成語——乞丐趕廟公——來形容美債的情況是最為貼切的。

　　外國人持有美債占全體比重近一半，但身為債務人的美國卻趾高氣揚地像廟公一樣；相反地，身為美債的債權國卻低聲下氣的像極了乞丐，任憑美國宰割，予取予求。如2011年，緊接在QE2結束後的是變形的量化寬鬆貨幣政策出籠——2011年9月21日，美國聯邦儲備局用4,000億美元進行「扭轉操作」（Operation Twist）——買入長期公債，出脫短期公債，隨後在同年的9月23日，「10年期美債收益率」重挫至有史以來的最低水平，1.6714%。這個意思是，美國為了減輕自己的借貸成本，卻讓美債持有者犧牲了利息收入，結果當然還是全球買單。

　　這種沒有印行鈔票的扭轉操作手法，實際上的效果恐怕遠比印鈔票還要更強，它鼓勵了借貸發生的可能性，也就是鼓勵了信貸擴張。美國政府的詭計是，持續性地壓低長期收益（如美國10年公債收益率），且至少須低於美國的經濟成長率，這樣美國賺到的錢才夠支付借錢的利息，以便可以逐步改善長期財政惡化的窘局。也就是說，FED大量買入長期美債，等於鼓勵大家用長期債券來融通資金（用抵押債券來借錢），去進行短期投資，等取得收益之後再償還長期美債。而且大家還不用擔心融券的風險，因為FED已經將長期債券的價格大幅提升，也就是將長期債券的殖利率壓到很低的水準。簡單來說就是，FED用人工的手法消除了投資人做空長期國債的風險，變相鼓勵大家融資、借貸，將借來的資金轉去進行短期投資，而這可

能會導致大宗商品和股市上漲，使美元持續走軟，以符合美國的利益。

　　這種做法等於是讓全球各國吃了美債這種嗎啡，而且劑量是愈下愈重，最好是逐步上癮，想戒都戒不掉最好，一旦把大家都綁在同一艘難民船上，成為生命共同體之後，想要從美國這艘破爛不堪的航空母艦下船，恐怕是遙遙無期了。

在美國操弄起金融槓桿的情形下，作者與投資人侃侃而談起還有什麼貨幣是可以投資的。

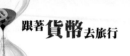

雞肋的故事

歐豬五國，主權債務愈演愈難收拾，
錢借了，債卻還不出來，是吐出來還是吞下去呢？

「如果你欠銀行100萬，你的命運掌握在銀行手中；如果你
欠銀行100億，那麼，銀行的命運掌握在你手中。」

「就像我們在歐債危機中所看到的，這些債務會被包裝、組
合成各種『商品』，再賣回給我們，而這將拖垮欠債的國
家！你很難想像就是有這麼一天，國家破產了、冰島破產
了，結果就是：當國家破產時，你的帳戶裡有再多的存款都
沒用，因為你沒有辦法自ATM領到錢！」

—整理自《大債時代》

2009年12月，由全球三大評級公司下調希臘主權評級開
始，使得希臘國債到期履約發生困難，引爆了歐洲五國（希
臘、愛爾蘭、葡萄牙、西班牙及義大利）主權債務危機愈演愈
烈。

這場歐債危機與2008年的美國次貸風暴不同。次貸風暴導
因於美國房市泡沫化，美國人習於花用未來的錢，金融槓桿倍
數過大，也就是牛皮吹得過大，一場過度信用擴張設計出來的

騙局，搞得資方與買方同樣慘賠，結果就是美國打了個噴嚏，全世界買單的下場。但歐洲主權債務危機，主要都是源自於絕大多數歐元區國家嚴重違反財政紀律，加上大環境經濟不佳的情形下影響了諸國的歲入，以至於國債到期時無法還款，造成違約風險。

　　傳統上國家主權違約解決方式主要有兩種：一、違約國家向世界銀行，或者是向國際貨幣基金組織等借款；二、與債權國就債務利率、還債時間和商談本金折扣等方式進行協商。因此，只要有足夠且即時的紓困資金援助，並延長債務人還債的時間與放鬆條件，債務國就不會如欠債公司般倒閉，從地球上消失，國家依然會存在，虧欠的金額大小多不會是無底洞，假以時日等到經濟好轉時，國家開始有歲入盈餘時，自然就有能力慢慢還款，解決債務問題。俗話說：「留得青山在，不怕沒柴燒」，千萬不能殺雞取卵。歐債透過歐盟間各國政治力介入是可以解決的，所以，可以不用擔心歐洲主權債務危機會如同2008年的金融海嘯，造成全球經濟毀壞性的衰退。

　　當然，歐債危機絕對是拖累目前全球經濟陷入疲態的元兇，但我的意思是，不用悲觀到有「世界末日」的慘況，或覺得歐元會立即垮台瓦解。歐債危機不是絕症，而是慢性病，不可能馬上斃命，也不可能馬上痊癒，所以，在未來幾年歐元病情尚在治療期間當中，將不時受利空打壓，歐元難以起色，但也不至於馬上從這地球上消失，因此，預料歐元長期走勢將篤定趨貶，只不過，若短期跌幅過鉅下，搶個跌深反彈行情，仍會是有利可圖，只是**手腳要快，有賺即跑，切記勿貪心**。

投資就像看好戲，眼光精準就對了

　　景氣好轉非一朝一夕，債務協商進入談判時，債權人與債務國之間各有自己的算盤在盤算，債權人想要看到債務國未來有效的財政緊縮政策，以期增加未來還款的保證，盡早還款、且本金打折愈少愈好，但債務國卻希望本金打折愈多愈好，債款能拖多久是多久，使其政府好對該國人民交待，最好在他執政任內不要出狀況，債留子孫，留給後來的執政當局再去傷腦筋。因此，債權與債務談判過程中間的插曲與紛擾會不斷上演，投資人倒不用杞人憂天、庸人自擾。因為，每每等到某國的債務期限到期前一刻，不管是歐洲央行（ECB）或IMF都會想盡辦法下一場即時雨，澆息這燃眉之急的債款履行。例如2012年7月27日歐洲央行總裁德拉吉（Mario Draghi），公開發表聲明：「將不惜一切手段，捍衛歐元」，隨後也在風風雨雨中展開了歐洲央行無限額的購債計畫。

　　其實，歐債危機最慘的狀況，就是債台高築的國家要賴不還錢，且國家政局陷入動盪下，歐盟只好忍痛割去毒瘤叫它滾出歐元區，但最怕的是「骨牌連鎖效應」，屆時落得歐元解體的慘局就不妙了，所以投資人還是要多關心一下時局。當然，新的貨幣大國——中國會站出來護局，因為這符合中國的國際利益，不過，他當然不是凱子也不是省油的燈，中國央行貨幣政策委員李稻葵教授就曾說過：

「若要中國用外匯存底來救歐債可以，但要先符合三個條件：一、歐洲人的解決方案必須是有效的，不然中國等於幫了倒忙，當了爛好人。二、中國不能給了對方錢就被說再見，要有知情權和控制權。三、要保證借出資金的安全，比如說歐盟得拿著德國的債券來做抵押，再比如說不能以美元計價，最好是以人民幣計價，也就是說，未來請拿人民幣來還錢，這樣就可大大減輕人民幣未來的升值壓力。」

筆者認為，中國只是沒擺明了講：「歐洲有債務危機的國家最好拿著你們的國營或公共事業單位的股份，直接賣給中國，這樣才能保證中國借的錢不會像投到海裡一樣，回收無望，又能讓中國經濟影響力跨越到歐洲的土地上。」當然，歐洲可能也吃定中國，因為中國目前最大的出口地區就是歐洲，歐洲經濟一旦垮了，第一個受重傷的肯定是中國，加上中國在國際經濟上更需要結合歐盟來抗衡美國，才不會讓美國經常以貿易逆差為藉口，隨時想盡辦法要中國開放國內市場、用傾銷稅課徵中國出口、逼迫人民幣大幅升值等手段，處處牽制中國經濟，讓中國好不容易用勞力換取的工資，又平白無故的被奪走。因此，歐盟會認為無需多讓步，中國自然會主動捲起袖子，幫忙解決債務問題。

大國間的角力，投資人的聚焦處

　　歐債危機背後隱藏著世界主要經濟大國間的相互角力與謀算。

　　話說自1999年元月，歐元正式上路起，歐洲與美國便展開一場世界貨幣主導權，與為本身債務尋求資源的爭戰。歐元浮出檯面成為美元最具競爭力的對手，全面挑戰並威脅美元國際霸主擂台位子。首先，便是歐元區國家仰仗總計共逾12兆美元GNP的強大經濟規模，居全球第二大經濟體（僅次於美國），歐元開始削弱美元在國際貿易中的結算貨幣地位，尤其對新興市場國家來說，歐元提供了另一種能夠替代美元的結算貨幣選擇。

　　歐元區的主要出口貨物與美國具有競爭性，若歐元的結算貨幣量上升，必然導致美元的結算貨幣量下降，如此一來，比重下降便意味著美國在國際市場上定價權的流失，那麼，同時就會衝擊到美元在國際間各國儲備貨幣的地位；筆者列了歐元1999年初誕生之後，全球總外匯儲備量比重上升而美元同步持續下降的圖（見附圖）。

　　由這個圖看來，歐元已逐漸成為部分替代美元的國際第二大貨幣，因此，歐元也就順理成章地成為美元首要對付的敵人，這也是歐元步入國際間鬥爭的開始。無庸至疑，歐元區就像被掀起潘朵拉盒子般，戲曲不斷地上演，當然就不足為奇了。

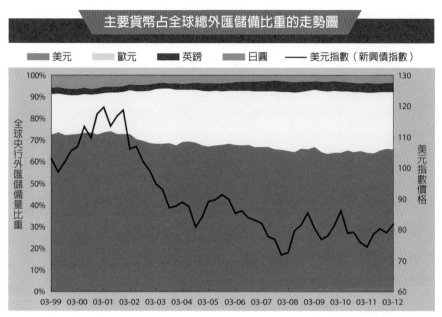

主要貨幣占全球總外匯儲備比重的走勢圖

■ 美元　■ 歐元　■ 英鎊　■ 日圓　—— 美元指數（新興價指數）

（資料來源：彭博社，台新銀行整理）

戰爭成了活絡經濟的非必要性手段

　　美國早就不把歐元放在眼裡了，話說歐元在1999年初問世不久後，1999年3月24日，美國柯林頓政府支持並唆使北大西洋公約組織（北約）空襲巴爾幹半島一個名叫科索沃的地區，對南斯拉夫及塞爾維亞兩國軍隊發動所謂的「科索沃戰爭」，支持信奉伊斯蘭教的阿爾巴尼亞人獨立建國。這個阿爾巴尼亞族與信奉東正基督教的塞爾維亞族之間的種族問題，到底關美國什麼事？尤其是美國竟支持回教徒的阿族更是令人匪夷所思，其實背後用意就是針對歐元來的，趁機測試歐元上市後的能

耐，只要歐洲腹地出現戰火，國際資金就會開始自歐元外逃，龐大資金最佳轉移陣地當然就是美國。

歐元上市時，有大約7,000億的國際資金從美國流入歐洲，科索沃戰爭爆發後，這7,000億國際資金就有4,000億脫逃，2,000億去了美國，另外2,000億去了香港。就這樣，歐元從1999年初兌換1.18美元上路後，一路下跌至2000年10月底的最低價0.823美元（見附圖）。

把歐元給鬥垮了，國際情況可能變得更詭譎而不好對付，不如統一面對歐元一個貨幣較單純且容易，只要不時在歐盟間製造矛盾與衝突，確保歐元成為一個扶不起的阿斗，休想哪天可能來篡奪美元的王位。因為，美國最美的大夢是，歐元分攤

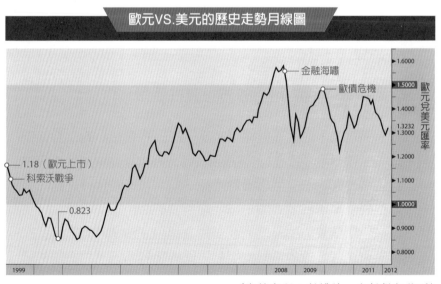

（資料來源：彭博社，台新銀行整理）

美元升值的壓力，乖乖地當個老二，不要有任何篡位的企圖，隨時當個調控美元強弱的良好工具。

　　從這裡我們就可以概略規劃出歐元未來行情的走勢，歐債問題至少在未來3至5年是無法順利馬上解決的，在此同時，歐元就休想再站回到1.50美元上方，但再大的利空，歐元未來3年內也不會很快掉到1.0美元以下，因為這是美國不願看到的，美元在經歷2008金融海嘯的襲擊，經濟還處在修身養息之下，沒辦法讓美元升值兌換歐元到1美元以下，因為這樣美國要解決雙赤字的日子就會更遙遙無期了，所以美國不會容許歐元掉到1美元以下。所以，未來至少3年內歐元將在上有鍋蓋1.50美元壓著，下有1.0美元鐵板撐住，杵在這大的區間內游走，這就是我說的歐元為什麼是「食之無味棄之可惜」的比喻。

日本的苦難，何時是盡頭

緩步緊張的美日關係，未開打竟注定了戰敗，
廣場協議，泡沫崩盤，長期停滯……
何時才是日本經濟流的春天？

……誰能意識到戰爭已經開打？若是真槍實彈的戰爭，誰也不會將自己的利益親手送給敵對的一方，然而，在人們看不見又摸不著的無形戰爭中，往往就敗在心甘情願將自己的大好河山送給對方卻渾然不知，這場戰爭，敗得是又烈又痛。

——摘自《金融戰敗》，吉川元忠

 ## 美國的陰謀──廣場協議

日本經濟曾經叱吒風雲。1951至1973年間，日本國民生產總值平均年增率高達10.1%的增長，在全球已開發經濟國家中首屈一指。1968年，日本國民生產總值僅次於美國，位居世界第二的經濟大國；1970年代，日本經濟持續蓬勃發展；1985年，日本取代美國成為世界最大的債權國；自此，日本當然就被聰明又狡詐的美國給盯上，於是乎，又到了美國人出手的時候了。

　　日本的經濟在當時可真是不可一世，當然，日本大和民族至上的優越感也開始作祟，夜郎自大地於1985年傻傻地在紐約與美英德法等國簽訂了《廣場協議》（Plaza Accord）5。之後，日圓兌美元匯率便開始一路狂漲，原本日本人覺得高不可攀的美國資產，頓時變得相對便宜，於是日本企業在大發利市，口袋滿滿的情況之下，紛紛捧著鈔票去收購美國企業。

　　日本企業在美國的收購行動於1989年時達到顛峰，這一年SONY以34億美元（約1,089億元台幣）買下當時美國文化產業代表的哥倫比亞電影公司，三菱集團則以14億美元（約448億元台幣）買下美國的知名地標──紐約洛克斐勒中心，在當時洛杉磯市區就有半數房地產和夏威夷大片地產，都是日本人所持有的，當時日本國內甚至出現了「買下美國」的狂妄口號。

　　日本威脅論開始在美國蔓延開來，簡直是日本繼珍珠港之後二度入侵美國。不過，殊不知早已一步一步邁入美國的圈套。自1985年日圓兌美元持續大幅升值後，便開始對日本國內經濟造成了不利的影響，日本警覺到日圓升值造成經濟蕭條，於是採取了持續的擴張性貨幣政策，尤其是超低的利率政策。利率長期處於超低水平，金融機構貸款大量增加，大量過剩資金開始流入股市和房市，引起價格暴漲，釀成了1990年資產泡沫的產生，一場全面性的毀壞於焉開始。自1991年底至1992年初，日本金融界接連爆發出醜聞，經濟自此步入蕭條，經濟成長速度大幅減緩，截至目前為止，日本經濟尚未見到全面復甦

5 《廣場協議》由美國、日本、英國、法國、西德等五個工業發達國家的財長和央行行長，在紐約的廣場飯店秘密會晤後，於同年的9月22日簽署協議，目的在聯合干預外匯市場，使美元對日圓、馬克等主要貨幣有秩序性的下調，以解決美國鉅額貿易赤字，從而導致日圓大幅升值。

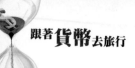
的跡象，可見自從日圓兌美元於1985年開始之後，至今仍無法順利從經濟困境中脫身。

日本的夢魘——從未止息的災難

環顧過往，老天爺並沒有眷顧到日本經濟的困境。2011年3月11日居然出現了日本史上最慘絕人寰的世紀天災，九級的大地震併合海嘯與核洩的複合式災難，光臨了日本，令日本原已延續20年之久的經濟失落（lost 20 years）困境，更是雪上加霜，元氣難以恢復。

一般來說，一個國家的經濟愈弱，其貨幣貶值的機會就愈高，也會讓外國人興趣缺缺，自然就無法吸引外國資金流入這個國家，沒有自國外流入資金的買盤推升下，就容易出現貶值。但偏偏日本就不是這麼一回事，日本的經濟成長率從1990年至今，均值只有0.26%而已，與其他已開發國家相比，實在是弱到不行，但過去這幾年，日圓卻是一路攀升，使得想買日本汽車的朋友始終等不到便宜的價格。2011年10月底，日圓兌美元甚至出現了二次大戰以來，史上最高價75.35日圓（見附圖）。

為什麼日本經濟往下走、日圓卻反向一直升值呢？我歸咎了以下幾個原因：

日本國際收支帳始終處於順差

雖然日圓自1985年以來兌美元持續升值，卻未削弱日本企業的出口能力，日本工業化後的製造業及科技技術領先全球，

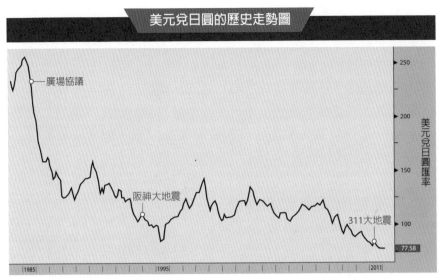

美元兌日圓的歷史走勢圖

廣場協議

阪神大地震

311大地震

77.58

美元兌日圓匯率

|1985|　　　|1995|　　　|2011|

（資料來源：彭博社，台新銀行整理）

優良品質的日本貨目前仍受全球青睞，使日本不受日圓升值影響，依然保有貿易順差的優勢，致使長期國際收支仍是順差的情況，而一國的國際收支帳有盈餘的表現，當然他的貨幣就會走向升值之路。

利差交易（Carry Trade）[6]平倉

自1990年起，日本房市泡沫造成的經濟衰弱，使得日本始終維持零利率政策來刺激經濟，這麼低的利率叫那些退休的歐

---

6 「利差交易」，又稱套息交易或融資套利交易，指向日本等低利率國家借錢，再換成如澳洲等較高利率國家的貨幣後出貨，賺取利差；除受利率、匯率變化的風險外，也會受到有關國家稅負成本的影響。2008年全球金融海嘯時，許多借日圓到海外炒作的人將外幣換成日圓還給日本金融機構，造成日圓在日本和全球都不景氣時反而升值的怪現象。

吉桑和買菜的歐巴桑們怎麼過活呀？另外，一些境內的大企業更是想盡辦法要找些利潤比較高的投資工具，免得讓現金躺在境內無利可圖。於是大批的日圓匯出至世界各國的債券市場，尤其是美國，以便賺取更多的利息。日圓匯出，原本會造成日圓貶值，可是經歷過史上最可怕的金融海嘯及紛擾不斷的歐債危機，境內投資人嚇到了，趕緊把錢匯回日本還掉融資的日圓，結果造成日圓買盤大增，日圓隨之升值。

受避險資金需求推升

日本長期飽受通貨緊縮之苦，相對地美國卻是有通貨膨脹的威脅，因此日本的實質利率是正的，而美國的實質利率是負的，所以國際鉅額的固定收益型投資資金，或者是國際炒匯資金，會選擇日圓為暫時避險停泊的港口。另外，2008年的全球金融海嘯中，日本是受傷相對較輕的國家，自1990年日本經濟泡沫後，日本銀行的資金運用變得很保守；當華爾街大玩金融槓桿遊戲的同時，日本銀行正忙著打銷壞帳，無暇跟著華爾街起舞，因而受傷不重，現在又因歐債危機隨之而來，國內龐大的海外投資（如保險業等金融機構）資金受到驚嚇，又趕緊再度回籠到國內，才使得日圓升值的態勢又再度出現。

中國大陸的分散外匯存底配置

2010年，在中國外匯儲備結構的數據中，美元占65%、歐元占26%，英鎊與日圓分別是5%與3%。2008年美國捅了次級房貸這個大簍子，連雷曼兄弟這個158年歷史的投資銀行都倒了，

可把中國給嚇死了，於是乎，中國趕緊分散外匯存底的布局，又因與日本有著經貿逐漸密切的關係，日圓自然成為加碼的重點。2011年1至7月間，中國就連續7個月買進日債，所增持的日債累積到2.32兆日圓，這筆金額相較於日本總國債餘額684兆日圓來說比重雖不到1%，但中國不斷把資金投入日本，對日本來說卻是前所未有的新資金，等於是對外匯市場增加不少日圓買盤的一股新力量，就足以打破日圓多空籌碼的對峙，進而支撐日圓升值。

　　由上面四項分析得知，日圓長期升值的趨勢未能有效地改觀，若日本至今經濟成長的依賴性無法擺脫出口導向模式的話，日本貨出口恐怕仍將不斷面臨漲價的局面，除非日本企業趕緊擴大海外生產的規模及速度，不然的話，這經濟低迷20年的命運將繼續走下去。

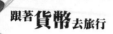

人民幣正在有樣學樣

人民幣正朝向正確的方向前進，
「超主權」新儲備貨幣行不行?!
你是高估還是低估了人民幣？

　　2005年，中國人民銀行宣布自7月21日起，打破11年來人民幣緊盯美元的做法，開始實行以市場供求為基礎，參考一籃子貨幣進行調節，採取管理式的浮動匯率制度；人民幣升值了2%，由1美元兌人民幣8.28元，一口氣調升至8.11元人民幣。

　　人民幣匯率制度改革完全參照新加坡的BBC（Band Basket Crawl）模式——和主要貿易夥伴的一籃子貨幣掛鉤，設定波動範圍，長期逐漸擴大匯率的靈活性。2003年，中國人民銀行即派一組人員赴國際貨幣基金會（IMF）及新加坡取經學習，專門研究新加坡匯率機制，新加坡自1981年以來開始實施「管理式浮動」機制，這種制度介於緊盯美元的聯繫匯率，及由市場決定匯價的自由浮動制度之間。其實這是一個不錯的折衷方案，既能讓大陸在匯率問題上實現讓匯率更具彈性的承諾，又不至於對起伏不定的資本流動大開門戶。

　　至於這一籃子的貨幣有哪些？則完全要看中國主要的貿易夥伴、投資來源及結算貨幣而定；因此，人民銀行緊盯的一籃子貨幣中，主要是美元、歐元、日圓、英鎊、加拿大幣、澳幣、韓圜、新加坡幣、馬來西亞林吉特、泰銖和俄羅斯盧布等

11個國家貨幣,但人民幣與各幣別兌換的比例並不對外公布。

隨後於2005年9月人民幣兌非美元貨幣的波動幅度由當前的1.5%擴大為3.0%,而2012年4月16日起,再進一步將人民幣兌美元當日交易價,浮動幅度由0.5%擴大至1%(見圖)。

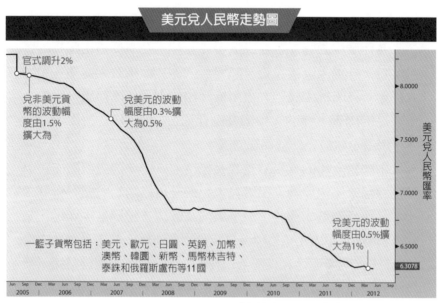

美元兌人民幣走勢圖

官式調升2%

兌非美元貨幣的波動幅度由1.5%擴大為

兌美元的波動幅度由0.3%擴大為0.5%

兌美元的波動幅度由0.5%擴大為1%

一藍子貨幣包括:美元、歐元、日圓、英鎊、加幣、澳幣、韓圜、新幣、馬幣林吉特、泰銖和俄羅斯盧布等11國

美元兌人民幣匯率

8.0000
7.5000
7.0000
6.5000
6.3078

Jun Sep Dec Mar Jun Sep Dec Mar Jun Sep Dec Mar Jun Sep Dec Mar Jun Sep Dec Mar Jun Sep Dec Mar Jun Sep
2005 | 2006 | 2007 | 2008 | 2009 | 2010 | 2011 | 2012

(資料來源:彭博社,台新銀行整理)

 ## 中國大陸的經濟大躍進

- 2005年,中國GDP總產值達2.24兆美元,超越英國的2.20兆,取代英國成為全球第四大經濟國家。
- 2008年,在奧運題材挹注下,一口氣再超越德國(2006年GDP的2.9兆美元),成為全球第三大經濟國家。
- 2010年,日本經濟體GDP以5兆4,742億美元下滑至全球第三,被近年崛起的中國以5兆8,786億美元規模躍居全球第二。

中國以這樣高的經濟成長速度，估計將在20年內超越美國，成為全球最大經濟體。中國大陸貿易順差自2003年以來突飛猛進，為中國賺進大把的鈔票，2004至2006年間，每年外匯存底再貢獻逾2,000億美元，2007年的外匯存底更倍增至4,619億美元之多，2008至2010間每年外匯存底增加逾4,000億美元成了基本的門檻。

為什麼中國的外匯存底成長如此神速？主要是由鉅額的貿易順差、外國人直接投資及熱錢流入等貢獻所致；當然，中國人民銀行為阻擋人民幣升值所締造出的大量外匯存底，也是一個極高的因素。終於，中國外匯存底於2006月2月首度超越日本，成為全球最多外匯存底的國家。

中國對全球的貿易順差成長幅度並不比中國對美國的貿易順差漲幅來得快，其人民幣兌美元的升值已開始明顯影響到中國本身貿易順差的成長，但是美國及歐盟各國還是不滿足，緊咬著嚷嚷要人民幣一口氣大幅升值20%至40%，而不是現在的每年僅3%至5%多而已。人民幣若真的大幅升值，美國因整體產業結構的問題，其鉅額貿易逆差也不易有所改變，正所謂醉翁之意不在酒，歐美這麼做無疑只是要逼迫中國開放市場、加強保護智慧財產，及多跟他們下點訂單等而已。事實是，一旦人民幣大幅升值，美國將無法享有現今2012年7月CPI年率僅1.4%左右而已，必然也會拖累到包括美國在內的世界經濟，這應該是美國所不願看到的。

是投資惡夢還是美夢？

　　人民幣若僅是穩健小幅的升值，對一般出口業在定期匯率避險上的損失可以減少，但以台商為例，有些廠商目前稅後利潤僅能挑三撿四（3%至4%）而已，很多高科技業如今下場也如製造業一般，若人民幣1年漲幅超過5%，則這些出口廠商肯定出走，往臨近的越南或印度等國另起爐灶，因為那邊的工資是中國的三分之一而已。產業一旦出走，將導致中國經濟惡化，失業率進一步上升。也就是說，人民幣大幅升值恐將顛覆中國的經濟奇蹟。

　　目前中國經濟猛增，投資放款膨脹和房地產過熱等，均與人民幣的升值大有關聯，而大陸官方也看到此一問題的嚴重性，故一而再、再而三的表示，人民幣匯率未來不會再有像2005年7月時的「官式調升」動作，爾後都將參考一籃子貨幣波動來作調整。

　　參考過去日本與台灣幣值大幅升值後的經驗，1980年代兩國的出口快速成長，造成貿易順差快速累積，在西方國家施壓下，不得不讓本國貨幣升值，但也因預期心理，造成熱錢大量流入，帶來資金氾濫，導致日後泡沫經濟等後遺症。日本與台灣自1985年起開始升值，而採取緩升的步調至少也要花上4年的時間，升值步伐才能停歇，才能消弭國際資金流入的浪潮，因此以目前人民幣的升值軌跡來判斷，也有可能採用類似的走法，但是中國經濟吞吐量腹地如此龐大，或許人民幣升值的時間會加長許多。因為：

> 目前中國對外貿易順差及外匯儲備愈來愈多，匯率改革不能
> 走得太快，也不應大幅升值或立即開放匯率，因為經濟條件
> 還未成熟，因此中國大陸官方僅會繼續採取人民幣緩步走升
> 的步伐往前進，以減緩對產業帶來的衝擊。
> ——諾貝爾經濟學獎得主，孟代爾（Robert Mundell）

　　中國目前同時有好的CPI（消費者物價指數）與壞的CPI所干擾著，好的CPI是因中國境內自己內需成長所引起，而壞的CPI是由國際原物料上漲所引來的輸入型通膨造成，人民幣須適度升值以消弭輸入型通膨所帶來的打擊，而中國官方則有意把人民幣升值與CPI漲幅連結在一起。例如2010年，中國CPI年增率3.33%，當年人民幣就升值了3.3%；2011年，CPI年增率5.34%，人民幣升值就貼近5%左右。所以，若你問我今年人民幣會升值多少？那就看看今年預估的CPI漲幅會有多少囉！

「超主權」新儲備貨幣行不行 ?!

　　目前IMF中的國際儲備貨幣比重，仍由美國人主導，人民幣在未能國際化之前，「超主權」新儲備貨幣恐是空談，中國方面的談話僅是發發牢騷而已，對國際貨幣根本無法起任何變化。人民幣想要成為新儲備貨幣的先決條件，便是人民幣得先成為自由匯兌的貨幣才行，以中國大陸現今的經貿實力，全球資金開始握有人民幣來避免弱勢美元資產帶來的風險的時候，美元就會大難臨頭了。股神巴菲特看空美元，他認為美國是全世界最大的債務國，而中國大陸卻是他的第一大債權國，美國面對自己如此龐大的債務，有可能美國政府早已暗地裡放棄美

元強勢政策，反過來私下運作讓美元走貶，到時候就能用便宜的美元來清償債務。

目前未償還的美國公債餘額，海外投資持有者就占了將近一半，最多的持有者就是中國及日本兩國，若美國公債無外國買盤支撐，美國的長期利率恐怕會再加碼兩個百分點左右。著名的投資大師吉姆‧羅傑斯也表示，他仍然堅持看空美元，並堅持認為人民幣有可能成為全球重要的儲備貨幣之一。時間就在未來10年內，人民幣可望挑戰美元，成為主要國際儲備貨幣。如果人民幣開始可以自由兌換，並且隨著中國經濟大幅對外開放的話，人民幣更有可能會提早成為全球各國的主要儲備貨幣，從中國的經濟實力、規模等因素來看，人民幣具有這樣的潛力。不過，建議中國目前最好還是以秉持「老二哲學」為宜，因為歷史殷鑑，只要與美國槓上的，鐵定沒有好下場，除非美國自己敗下陣來。

黃金真有勁，為它按個讚

世界局勢窘迫，氣候變遷，糧價攀升，
黃金與熱錢究竟會往哪裡跑……

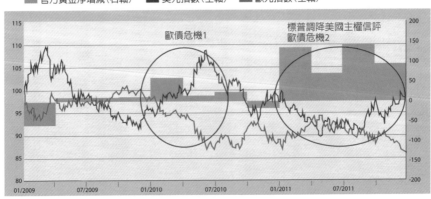

（資料來源：彭博社、世界黃金協會，台新銀行整理）

　　黃金在全球眾多投資標的中脫穎而出，表現更是一枝獨秀，真是所謂貨真價實的「**黃金十年**」，今年可望繼續邁入第11個多頭年代。

說黃金向「錢」衝，真是一點也不為過。

　　黃金價格從2001年7月的每盎司266美元，一路沒休息的攀升至2011年9月的每盎司1,921美元的歷史新高價，連續10年都是正報酬，總計共漲了7.2倍之多，而且每年報酬率幾乎都有兩位數的表現，除了2011年美國911恐怖事件的2.46%漲幅、2004年SARS病毒的5.54%漲幅，以及2008年金融海嘯的5.77%漲幅等為個位數表現之外，比起任何投資商品，黃金可說是穩賺不賠的生意。而與之同時期的美元指數卻從2001年7月的121，一路下滑至2011年9月的75.95，總計跌幅達37%，顯示出黃金已被市場作為美元的替代品（見圖）。

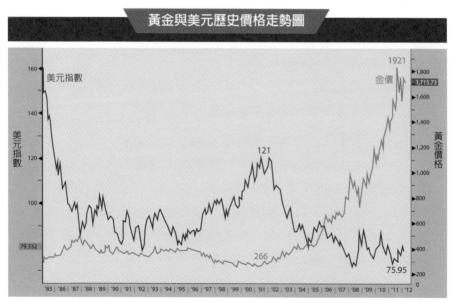

黃金與美元歷史價格走勢圖

（資料來源：彭博社，台新銀行整理）

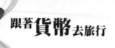

 黃金飆升，追還是不追？

當隨著國際金融情勢起伏不定，黃金飆升的速度加快，如1973、1974年間的第一次石油危機，金價這兩年各分別劇漲了69.98%及72.27%，1979年第二次石油危機時，金價更飆漲了126%，儼然黃金已經成為亂世英雄的最佳代名詞。如今國際經濟充斥著黑天鵝滿天飛，一會兒歐債危機不斷，一會兒美國債信評級被遭到調降，甚至國際間更蔓延著高唱經濟二次衰退的言論，大有世界末日降臨的味道，使得人類回歸老思維——逃難時，手上最好備有黃金。

綜觀黃金易漲難跌的特色，可歸納出以下幾點緣由：

1. 具避險保值作用
2. 油價漲和美元跌
3. 各國黃金儲備普遍偏低
4. 地表下蘊藏衰竭與開採少
5. 新興市場經濟崛起，尤以中國及印度兩國特別偏愛金飾
6. 避險基金與普羅大眾熱衷加入炒金行列

因此，根據這10年來黃金漲勢的波動率來看，可用年度平均漲幅20%為進出場的依據。也就是說，建議若年初至今漲幅還未達20%時，則可以逢低布局；若年初至今漲幅已逾20%時，則可以逢高出脫。以這種簡單的方法操作，贏面相當大，即便短線套牢也不用擔心，因為黃金解套的能力相當強的。看看下面的黃金年度報酬率就可知道究竟：

金價年度報酬率

西元年度	美元／盎司	年度價差	年變動率
12 / 30 / 11	**1563.7**	142.92	10.06
12 / 31 / 10	1420.78	323.83	29.52
12 / 31 / 09	1096.95	214.9	24.36
12 / 31 / 08	882.05	48.13	5.77
12 / 31 / 07	833.92	197.23	30.98
12 / 29 / 06	636.7	119.7	23.15
12 / 30 / 05	517	78.55	17.92
12 / 31 / 04	438.45	23	5.54
12 / 31 / 03	415.45	67.4	19.37
12 / 31 / 02	348.05	69.1	24.77
12 / 31 / 01	278.95	6.7	2.46
12 / 29 / 00	272.25	-15.75	-5.47
12 / 31 / 99	288	-0.25	-0.09
12 / 31 / 98	288.25	-0.8	-0.28
12 / 31 / 97	289.05	-78.65	-21.39
12 / 31 / 96	367.7	-19.4	-5.01
12 / 29 / 95	387.1	3.9	1.02
12 / 30 / 94	383.2	-7.5	-1.92
12 / 31 / 93	390.7	56.2	16.8
12 / 31 / 92	334.5	-18.65	-5.28
12 / 31 / 91	353.15	-29.65	-7.75
12 / 31 / 90	382.8	-18.45	-4.6

（續）金價年度報酬率

西元年度	美元／盎司	年度價差	年變動率
12／29／89	401.25	-9	-2.19
12／30／88	410.25	-73.85	-15.26
12／31／87	484.1	95.35	24.53
12／31／86	388.75	61.95	18.96
12／31／85	326.8	17.8	5.76
12／31／84	309	-73.4	-19.19
12／30／83	382.4	-74.5	-16.31
12／31／82	456.9	59.4	14.94
12／31／81	397.5	-192.25	-32.6
12／31／80	589.75	77.75	15.19
12／31／79	512	286	**126.55**
12／29／78	226	61.05	37.01
12／30／77	164.95	30.45	22.64
12／31／76	134.5	-5.75	-4.1
12／31／75	140.25	-43.6	-23.7
12／31／74	183.85	77.13	**72.27**
12／31／73	106.72	42.81	**66.98**
12／29／72	63.91	20.43	46.99
12／31／71	43.48	6.04	16.13
12／31／70	37.44	2.27	6.54

（資料來源：彭博社，台新銀行整理）

黃金怎麼買

一般普羅大眾常見的黃金投資方式大概有以下幾種：

實金買賣

黃金現貨市場上實物黃金的主要形式是金條和金塊，也有金幣、金質獎章和首飾等交易，以持有黃金作為投資。可以肯定其投資額較高，實質回報率雖與其他方法相同，但報酬的金額一定會較低，因為投資的資金是不會發揮槓桿效應，而且只可以在金價上升之時才可以獲利。另外，一般的飾金買入及賣出價的差額較大，而且會有質量上的耗損，若視為投資工具其實並不適宜，而金條及金幣由於不涉及其他成本，是實金投資的最佳選擇。**要注意的是，持有黃金並不會產生利息收益。**

黃金存摺

黃金存摺是一種金融商品，在交易上並沒有實金介入，是一種由銀行提供的服務，以黃金貴金屬作為單位的帳戶，投資者毋須透過實物的買賣及收付，而是採用記帳方式來投資黃金，由於不涉及實金的收付，交易成本可以更低。值得留意的是，雖然它可以等同於持有黃金，但是**戶口內的「黃金」可不是真的黃金哦！**消費者一旦想提取實物，只能補足足額資金後才可以換取，但可不見得划算。

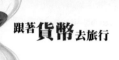

 黃金紀念幣

黃金紀念幣的投資多呈現「高溢價、小品種、價格波動大，牛市短、熊市長」等投機市場特徵，並不適合長線投資。

黃金紀念幣有面額，而黃金紀念章並沒有面額，所以，黃金紀念幣的權威性更高，由於是實物投資，因此黃金紀念幣的品相非常重要，如果因為保存不當，使得品相變差的話，也會導致在出售時成了買方殺價的空間。

黃金基金

黃金基金投資標的是金礦公司的股票或是公司債，績效會受該公司經營情況、股市多空頭所影響，波動度也比黃金現貨價高出2至5倍。黃金基金與實體金價的漲跌還是有一點距離，且具有暴漲、暴跌特性，不大適合保守型投資人操作。

黃金指數基金（ETF）

發行商會先信託一大筆黃金現貨，然後再切割為較小的單位販售。譬如信託10萬盎司的黃金現貨到保管銀行，再以十分之一盎司作為一個銷售單位。投資人買進若干單位的ETF，等於間接持有實體黃金，黃金ETF可說是一項間接投資實體黃金的工具。但由於國內尚未有業者引進黃金ETF，目前台灣投資人只能透過券商以複委託、或是透過銀行以指定用途信託的方式進行買賣。

黃金買賣停看聽

在全球各國央行競相增持黃金作為儲備的現況下，根據世界黃金協會（WGC）的報告，2011年全球央行淨買入黃金達到439.7公噸，較上一年度的77公噸大增470%，並創下自1964年以來的新高，主要受到新興國家央行購入黃金，投資人想不跟進都難……（參見第54頁附圖）

由於黃金是貴金屬之一，貴金屬價格波動與油價漲跌同步反應，在油價上漲階段，因民眾擔心通貨膨脹，貨幣會因此貶值致令資產縮水，使得有些投資人會轉而購入黃金作為保值，以抵抗通膨所帶來的壓力，這個時候通常會造成金價漲幅遠甚於油價，從1970年代發生的二次石油危機就可得知。反之，在油價下跌階段，通常表示經濟是屬於較為衰退時期，而黃金因為保值的關係又相對較為抗跌，甚至在經濟衰退階段，金價還會小漲一點，不管景氣好壞，黃金始終是進可攻、退可守的良好投資工具。重點是在何時該介入、何時該出場？

 金價與油價的曖昧關係

金價與油價是息息相關的，因此，我們得好好地來探究油價未來的走勢。原油上漲的主要緣由有：

1. 對沖基金的炒作
2. 新興市場經濟快速崛起，對原油需求大幅增加
3. 市場對OPEC剩餘原油藏量過低的憂心
4. 中東、北非等地區火藥庫，恐怖攻擊行動的威脅

5. 美國墨西哥灣飽受超級颶風的侵襲

6. 美國量化寬鬆貨幣政策下的美元貶值

此外，導致原油下跌的緣由較少：

1. 全球經濟陷入恐慌

2. 產油國家不遵守限產規範

3. 大量替代能源上市

從上面這些對油價多空因素的探討，可發現原油是一種易漲難跌的商品，而黃金承襲了原油這個獨特的性質。

市場的金價走勢經常出乎意料，且往往強於預期，主要是受近年來歐洲主權債務危機、美國國債上限問題及QE3預期等因素所支撐。

歐債危機，使得原本就陷於通貨膨脹的全球經濟更是雪上加霜，歐盟形同飲鴆止渴般的「輸血」式救助，難以在根本上解決歐洲的主權債務危機，這種借新債還舊債的模式，只會讓負債國的負擔愈來愈重，違約風險不斷加大。違約國債的數量不斷加增，一旦出現崩盤危機，不僅僅會導致歐洲經濟重陷經濟崩潰危機，甚至整個全球經濟都會被拖垮。另外，美國因濫發紙鈔和先前的二套量化寬鬆貨幣政策（QE1和QE2），同樣被認為是推高金價的主要推手，更何況市場上對FED進行QE3有不同的受影響程度，是而以美元計價的國際黃金價格，將成為美元升貶下的棋子。

一般情況下，兩者的行情走勢是反方向運行的，然而FED的寬鬆貨幣政策讓美元持續走低，也就反向地推動金價的上漲。美聯儲目前實施的近零基準利率的目標將至少持續至2015

年中期，這就表示了，在未來相當長的一段時間裡，美國仍將持續保持低利率政策，當全球兩大貨幣——美元與歐元都面臨問題時，黃金就更顯得彌足珍貴了。

在此全球經濟動蕩之際，沒有哪一種紙幣是值得信賴的，黃金順理成章成為當下最佳的「資產保護傘」。因此，購入黃金等於是為自己尋求一個能夠對抗美元貶值與通膨的棲身之所，我對金價長期走勢保持樂觀，這個黃金屋，建議你最好待久一點比較好。

CREDIT BANK

01001000111010010010011100100101011

101010010010110100101000010101
11110101001011
1111010101001011
111100011010010101
01010011101011
11011001010101

111101010100111001010101010100

2519 9860 1535 9007

NAME HERE 11110101001111

GOOD
THRU 01/2018

CREDIT BANK

2

跟著貨幣去旅行

利率之所在，匯率也

貨幣的獲利空間怎麼找？
哪一種貨幣是投資人還能投資的？

在這章我要為大家介紹如何尋求未來較有獲利空間的貨幣。

我們先從定存利率高且較無匯率跌價風險的貨幣，作為尋找投資的標的。這與國際匯兌書本上所學的「利率平價理論」立足點不同。利率平價理論是說：外幣的遠期匯價與兩國之間的利差存在著一定關係，如果你想要投資外幣，而且想要獲取無風險的報酬率時，那麼，你就得透過遠期外匯市場先行鎖住匯差才行，如此一來，遠匯價格便會自動調整，而不管資金是存放在台幣或外幣，所得到的利息報酬率是一樣平價。也就是利率較高的國家，遠期匯率一定會貶值，而貶值的幅度就等於兩國之間的利率差距部分；反之亦然，利率較低的國家，遠期匯率一定會升值，作為彌補其利率的弱勢部分。

美國自2008年金融海嘯爆發以來，FED的基準利率沿路降息，現僅為0%至0.25%歷史超低利率水準，這樣的寬鬆貨幣政策下，自然會為市場釋放過多的美元，氾濫成災的情況下，自然會造成美元價值的減損。另外，因為美元降息以後，相對於美國當地民眾而言，其他國家的貨幣就較具利益與吸引力，其國內資金自然就會移往利息較高的國家去投資。因此，美元從

美國境內流出，使美元趨向貶值態勢。一旦美元貶值，國際間持有美元的各國央行以及產油國等投資大戶就會跟著緊張起來，為避免自己手上的美元資產面臨縮水，當然就會急著把這燙手山芋的美元出脫掉，轉而將部分資金投入購買貴金屬，例如買入黃金等來保值；就這樣，在國際各路人馬競相賣出美元的情形下，就會更加重美元的貶值了！

 ## 外幣定存利率高，就一定賺嗎？

哪一種外幣定存利率高，那種貨幣便是國際資金追逐的目標。在茫茫大海的眾多外幣之中，只要利率高就能投資嗎？這可不盡然，投資人在投入資金時，可得先想想。一則，須先考慮**有沒有匯率波動率過大的風險**，如南非幣一年定存有3.3%，這個利率值有著不錯的利息收入，但是，南非政局和經濟常處於相當不穩定的狀態，以至於匯價的上下波動率相當大，一年常出現漲跌幅介於10%至20%之間，投資人一不小心壓錯了邊，匯價跌了20%，就有可能得靠南非幣6年定存的利息收入，才能彌補這個匯差的虧損，這就是**典型的賺了利差、賠了匯差的例子**。

當然，也有可能隔年匯價的漲幅就可以翻本；也就是說，匯率風險是指利用時間成本來替代馬上所立即承認的匯損，這與一般股票或債券投資的特性不同。這個例子可不是說南非幣不可以投資，而是對於南非幣，投資人必須將時間因素考量進去。若南非幣短線跌幅超過15%以上，就表示異於常態，短線已出現超賣現象，而以目前南非幣1個月短期定存可達年息4%，不錯的報酬率來看，建議可大膽作1個月的南非幣短期定

存。不僅有機會賺個跌深反彈的匯差行情，更可外加不錯的利息收入。不過，南非幣因匯價波動率大，所以，除了要選擇跌幅過鉅的時機進場，更應注意持有的期間，宜短不宜長。

再則，**國內銀行買不買的到**。有些外幣不見得你想買就可以買得到，更別說是你想要投資的高利率水準的外幣。為什麼有些高收益貨幣看得到、卻吃不到？主因是當它是管制貨幣時，投資人有錢也不見得買的到，如巴西幣6個月定存年息高達9.4%、印度幣6個月定存年息高達近10%，而這兩種貨幣都為管制貨幣，在國際外匯市場上無法自由買賣，只有在該國匯市開盤交易時間內才可以進出買賣，因此國際間的各個銀行無法在任何時間內相互做拆借的動作，所以，國內的銀行自然無法開這種貨幣的存款給客戶來承作，除非是國人自己飛到巴西、印度的當地銀行去承作存款，否則想買不一定能買到。下面的表格是幾種可以供國人承作的外幣存款：

外匯定存利率表

2012年7月底止

幣別	活期	一個月	三個月	六個月	一年
AUD 澳幣	1	3.05	3.15	3.25	3.3
CAD 加拿大幣	0.2	0.5	0.7	0.8	0.95
CHF 瑞士法郎	0.01	0.02	0.02	0.05	0.1
EUR 歐元	0.1	0.25	0.35	0.5	0.5
GBP 英鎊	0.05	0.15	0.25	0.4	0.5
HKD 港幣	0.01	0.05	0.05	0.05	0.25
JPY 日圓	0.01	0.1	0.15	0.15	0.15

（續）外匯定存利率表

幣別	活期	一個月	三個月	六個月	一年
NZD 紐西蘭幣	0.25	1.2	1.2	1.2	1.35
SEK 瑞典幣	0.15	0.65	0.7	0.8	0.95
SGD 新加坡幣	0.02	0.1	0.1	0.1	0.1
USD 美金	0.02	0.25	0.4	0.45	0.8
ZAR 南非幣	0.5	4	3.9	3.3	3.3

（資料來源：台新銀行外匯固定利率表）

 ## 外幣怎麼買比較好

　　依照我在匯市交易的多年觀察，匯價走勢平均有6個月的循環週期特性，因此，投資人想作外幣存款時，要熟記選擇貨幣投資三部曲：

　　首先，搜尋各銀行公告可供承作的外幣存款中，6個月期定存超過3%的貨幣才具投資誘因，這裡看來只有澳幣及南非幣才符合資格。

　　再來，考慮哪一個貨幣的匯價波動率較低，篩選下來就只剩下澳幣值得投資了。

　　最後，評估何時介入承作時點。這必須先留意近期外幣匯價走勢，看看短線是否已經漲幅過鉅，若短線已漲過多了，就必須耐心等待良好時機再介入；反之，若短線跌幅過巨，當然就要掌握千載難逢的機會。

　　至於怎樣才能有效認定短線是否已經出現漲跌幅過巨的現象？這個可以透過技術指標的運用來判斷，我在下一章會教導讀者如何簡易的判別技術分析，作為投資交易外匯的依據。

跟著共同基金布局貨幣準沒錯

褪色的金磚四國，新磚再起？
最夯的主流商品──共同基金。

「在一次學生社團的餐會中，一堆國際留學生邊吃邊討論社團事宜，在接近尾聲之際，美國人為了要展現其長期居於社團老大的姿勢，對其間的同學大聲么喝說，這餐由他作東道主來買單，但此時不甘示弱的歐洲人馬上也跳出來說，不─不─不，由於我們歐盟已結盟起來，社團的勢力日益壯大，這一餐應該換我們歐盟來付帳才對，而一向紳士的英國人及拘謹的日本人，則仍默默埋頭苦幹地繼續享用著他們美味的甜點，就在此時，沉默不語的中國人馬上起身來到櫃檯，把晚餐的費用給付了，回到席間對著在座的各國留學生說，各位同學不用爭了，我已付了帳，感謝大家的參與，下一屆我想要參選副社長，希望請大家多加支持。」

　　這個小故事告訴我們，目前美國仍然持著老大的心態，把持著國際經濟命脈，但其經濟早在2008年的金融海嘯打擊之後便元氣大傷，實力大不如前，霸氣仍有，可惜口袋空空如也。而歐盟本身受到債務纏身的困擾，卻又想打腫臉充胖子，只是虛張聲勢搶著當老大，是一個沒經濟實力的紙老虎。至於，英國及日本則仍秉持著獨善其身不與人爭的態度，始終不參與睹

攪和。但此時的中國，早已如同鴨子滑水般地默默累積自己的經濟實力，充實自己的荷包，該是由他買單的時候也不推諉，可別以為中國會白白地當個傻凱子，既然買了單，當然一定會要求相對的回報，爭取自己在國際上該有的地位，最起碼拿個國際貨幣老二當也不為過，只是美國這老二情結的新一波貨幣戰爭恐早已開打了。

 ## 褪色的金磚四國，新磚再起？

1980年，「新興市場」一詞首度由世界銀行經濟學家 Antoine van Agtmael所提出；只是，不同的機構對新興市場的詮釋及所涵蓋國家的看法並不相同。根據國際貨幣基金組織（IMF）的定義是：「發展中國家的金融市場未經全面發展，但仍於海外涉足投資者」；另外，有一些國際金融機構對新興市場的定義為：「只要一個國家或地區的人均國民生產總值（GNP），沒有達到世界銀行所劃定的高收入國家水平，那麼這個國家或地區的資本市場就屬於新興市場。」近幾年，新興市場崛起，尤以金磚四國（BRIC）最為耀眼。

1997年的亞洲金融危機與2002年的阿根廷債務危機，為兩個地區的信貸擴張打了免疫針，銀行不敢過度貸款，消費者也不願過度借貸，因此隨後發生的美國金融海嘯及歐債危機，並沒有在這些新興市場造成重大的銀行壞賬，整體上銀行體制也相對比較健全。如2010年，景氣自金融海嘯侵襲後開始逐漸復甦，當歐美都還處於修身養息階段下未能升息時，新興市場的主要國家卻紛紛開始啟動升息機置，因應未來可能發生的通膨威脅。

　　2010年，流入金磚四國等新興市場的資金首度超越已開發國家，新興市場型基金躍居為**共同基金**[1]所紛紛推出最夯的主打商品之一。姑且不論新興市場型基金一年結算下來其報酬率到底是賺錢、還是賠錢？當年因資金流向新興市場，就能有效地拉抬那年該地區國家貨幣的價格，因此，可以看到2010年新興市場地區的貨幣有不錯的漲幅，如巴西幣漲5%、印度幣漲3.5%、人民幣漲3.3%，只有俄羅斯盧布小跌1.8%。

　　俗語說一日之計在於晨，一年之計在於元月，只要元月份夯的地區，通常那年該地區的貨幣大都會升值。2012年元月份以來，全球新興市場基金連續5週淨流入超過59億美元，創9個月以來單月新高，可以得知國際游資又開始流往新興市場基金了，而且這個潮流是不會稍縱即逝的，因為區域型共同基金的投入是依趨勢持續性的布局，不是僅僅只是為了炒作短線而來的；所以，跟著共同基金流向的腳步，選擇該投入地區的貨幣來投資，勝算就會很大；預期2012年新興市場的貨幣應該還是會有不錯的表現才對，因為即便新興市場的GDP下修還是高於美國很多，因此這些國家的貨幣還是比美元較具升值的可能。

---

[1] 共同基金是由專業的證券投資信託公司以發行公司股份，或發行受益憑證的方式，募集多數人的資金，共同交由專家去投資運用，是共同承擔風險、共同分享投資利潤的一種投資方式，最大的特色就是它是一種投資風險的分散。

商品貨幣易漲難跌，
未來將持續夯下去

市場裡，沒有何時是最高價的問題，
只有何時入場與何時出場……

　　想預測未來國際原物料價格走勢之前，就得先瞭解原物料的領頭羊——石油價格。石油不僅僅只是被使用來作為燃油和汽油，成為世界上最重要的能源之一；同時，石油也是許多化學工業產品，如溶液、化肥、殺蟲劑和塑料等的基礎原料，今天88%的石油被用作燃料，其他的12%則被作為化工業的基本原料；而90%的運輸能量還是得依賴石油當作運輸驅動能源，為目前世界上最重要的能源商品之一。由於石油同時扮演著重要燃料和化工原料的角色，因而對全球經濟有著舉足輕重的影響，也有著難以取代的地位，因而石油又被稱為「黑色金子」。

　　如今，車輛還在高速公路上奔馳，石油化工業仍然源源不斷地為我們提供製造出各類商品，全球經濟的發動機仍須靠能源來推動，人們對於堪稱能源之首的石油之依賴可謂是無所不在。從第三次石油危機1990年爆發波斯灣戰爭以來，當時3個月內原油價格從每桶14美元，快速飆漲到突破40美元之後，隨後雖然全球經濟經歷過大大小小的幾次經濟衰退，但油價就難以再回到每桶30美元以下低廉的價位。

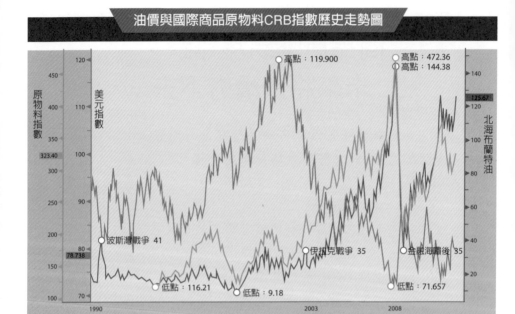

油價與國際商品原物料CRB指數歷史走勢圖

(資料來源：彭博社，台新銀行整理)

　　舉個日常生活的例子，我們國內民眾經常加油的95無鉛汽油，自從2000年科技泡沫以來，幾乎看不到返回至每公升20元以下的價位，油價易漲難回的特性已嚴重影響到民眾生活的物價壓力。這也難怪，人們應可不時看到火車站排班的計程車師傅，在移動自己車輛排班時，為了能省就省，捨不得發動引擎、寧可用盡全身力量使命地用手推著車子往前移動的辛苦畫面，可見這一滴滴的汽油如何彌足珍貴。

　　為何石油價格會如此居高不下呢？主要是因為全球人口不斷地快速增長，且各國工業化變遷的腳步加快，尤其近年中國、印度、巴西和俄羅斯等金磚四國異軍突起，經濟快速成

長，致使原油需求大增，加上2008年美國聯邦準備理事會為了控制次級房貸的金融風暴，大幅調降利率幾乎到零的地步，無利可圖之下，資金大舉撤出美國市場往海外發展，造成美元巨幅貶值。由於國際原油是以美元計價的，產油國為了維持既定的利潤，只好持續對國際油價採取漲價的動作，在這油價的母雞帶領下，導致各種國際原物料與貴金屬等都被牽連著一併全面上漲。再加上，時局嚴峻，氣候變遷，許多糧價乃至原物料硬生生往上漲；因此，與這些生產國際原物料為主的國家貨幣，也就跟著順理成章地水漲船高了。在我看來，只要美國不收回量化貨幣寬鬆政策，且持續維持低利率於2014年底之前，恐怕國際之間仍會充斥著美元濫頭寸的現象，一天都不得安寧，那麼油價及國際商品原物料就將一直面臨漲價的威脅，連動著與其相關的金融投資商品，也將會持續成為國際資金繼續追求的投資獵物。

 ## 黑色金子的判盤──北海布蘭特原油

　　雖然，油價及國際商品原物料價格不會只漲不跌，只要遇到全球景氣衰退，像2009年的全球金融海嘯，造成全球經濟瓦解，油價自不例外，亦受到牽累。如北海布蘭特原油從2007年歷史紀錄新高價每桶147美元滑落，快速下跌至2008年的每桶35美元附近，就止住跌勢了，而這次的大利空規模只有1929年全球經濟大蕭條時的慘烈狀況可以匹敵，其跌勢守在了2003美伊戰爭前後平均出現的每桶30美元。顯然油價的長期底部已經是愈墊愈高了，即使往後再出現類似這種全球性經濟衰退的大利空，我想也很難再有北海布蘭特原油每桶40美元的低價讓投資

人撿了，筆者認為至少可預期在這次2010至2015年的經濟循環週期內，油價都將以漲多跌少的局面在市場上出現。

換句話說，建議讀者往後在看國際油價走勢時，請以北海布蘭特原油價格為觀盤依據，不要再看以前市場所關注的美國西德州原油價格，因為西德州原油價格自從2009年金融海嘯以後，因美國境內對原油需求的成長率，逐步低於全球平均成長率，再加上供給面受美國戰備原油庫存只進不出的影響，而高於全球均值，已經不具有指標效用。西德州原油與北海布蘭特原油以前的差距不大，兩者約每桶僅有2至3美元的差距而已，如今則拉大到每桶高於10美元以上的差價，顯示西德州原油價格已失真，愈來愈不能表徵全球整個原油供給與需求的面貌。因此，建議讀者觀看國際油價時請以北海布蘭特原油價格走勢為依歸。

 ## 原物料與貨幣

對這些以生產原物料為主的國家貨幣，市場上習慣將之稱為「商品貨幣[2]」，而市場上所稱之商品貨幣則常泛指諸如：澳幣、紐幣、南非幣、加拿大幣、巴西幣、墨西哥幣、俄羅斯盧布、挪威克朗等貨幣。商品貨幣的主要特徵有高利率、出口占據其該國的國民生產總值比例較高、為全球重要初級產品的主要生產和出口國；另外值得一提的是，商品貨幣的匯率與黃金價格幾乎都是同方向在變動。

---

[2] 商品貨幣（Commodity Money）是指有實物支持的貨幣，如黃金、白銀，或是金本位下的貨幣，如布雷頓森林體系下的美元；為法定貨幣（指當地政府的幣值）以外的另一種貨幣類型。

　　首先介紹市場上經常提到的商品貨幣，在此泛指澳幣、紐幣及加拿大幣等三種貨幣之特性。由於澳大利亞和紐西蘭盛產煤炭、鐵礦石、銅、鋁、羊毛等工業品和棉紡品，澳洲在這些產品的國際貿易中占有絕對優勢和全球支配的地位，而這些產品在國際市場上的價格基本上是以美元計價，因此，這些商品價格的上升不但有利於該地區經濟的增長，也有利於該國貨幣匯率的上揚。

　　2012年元月份，黃金、石油價格、農產品、國際商品原物料指數（CRB）等紛紛大幅走高，一路推升了澳幣和紐幣的匯價。國際商品價格與澳、紐幣匯率的走勢有著較強的正向相關；同時，因為澳洲黃金之產量僅次於南非及美國，所以澳幣與南非幣匯率和黃金價格正向相關的特性就會比較明顯。另外，加拿大是北美主要石油出口國，因此加拿大幣與油價就有著正向相關的關連，但從國際商品原物料指數的主要組成部分中，難以看到加拿大的優勢商品，因此CRB的變化與加幣就比較缺乏相關性。其他如俄羅斯與挪威也都因為是主要產油國的關係，使得兩國的貨幣與油價關連性大；至於中東的主要產油國，因其匯價與美元採固定匯率制，所以這些產油國的匯價就等同於美元與油價，是呈負向相關的走勢。

　　由於我對油價、黃金、大宗商品原物料及農產品價格前景一片樂觀，至少在這次2015年景氣循環週期結束前，尤其是與這些基礎原物料相關之商品貨幣匯價，是會一直夯下去，而沒有所謂何時是最高價的問題，也就是說，未來匯價只會更高；但也不是在這極度樂觀看好之餘，就盲目追高而把全部資產一次投入，投資人仍應慎選投資標的。當然，短線被套牢的機率

匯率上上下下波動,外匯交易員的心裡通常也跟著起伏不定。(台新銀行提供)

還是很高,雖然未來都具備有解套的能力,不過還是得衡量時間成本的損失才是,更何況一投資就被套住,心裡的滋味可說是百般不好受。至於何時是選擇投入的時機點?這是投資報酬和心靈感受致勝的要訣,在接下來的章節我會教授大家如何操作匯率交易進出的技巧,掌握致勝先機。

跟著貨幣去旅行

貨幣，可以是理財工具，
也可以是最佳消費選擇。

　　筆者經常上NEWS 98由阮慕驊大哥所主持的〔財經晚點名〕，以及陳鳳馨的〔財經起床號〕廣播節目，主持人總是會問：「有什麼貨幣較為強勢，是未來值得來投資的？」因為這是普羅聽眾想知道的，沒錯，前文也已約略跟大家交待了未來看好的貨幣有哪些，但大家汲汲營營地追求強勢貨幣之餘，不妨也換個角度來觀察，有什麼貨幣未來是可能走貶的？因為貶值的貨幣未必就對我們不利，譬如說：「旅行」，如果我們可以選擇未來會貶的貨幣作為規劃旅途行程的方向，這樣我們既可以讓旅遊經費預算變得更輕鬆，又可以享受大爺般出手闊綽的愉悅心情。

　　旅行是為了跳脫一成不變的生活，讓不停運轉的鍋爐，有適時休爐去除鍋垢的機會，否則鍋爐遲早是會爆炸的。尤其是像我們這種上班族，與其擔心燈紅酒綠的數字上上下下，心跳不停地噗通噗通跳，最後讓身體領了個三高（血壓高、血脂高、血糖高）的成績單回家，落得「錢在銀行、人在天堂」的境界，倒不如細細思量一下，您多久沒有放個長假，好好地規劃行程出國旅遊了呢？放下手邊的工作，趕緊打包行囊，跟著我們一起來旅行吧！

　　記得年輕的時候，旅遊的行程都交給女朋友來打理，結了婚以後，旅遊的行程都交給老婆大人來作主，女性同胞可謂是旅遊達人，這可不是胡亂說的，是有根據的。依據旅行社統計，除非是特殊名義的團體出遊，否則一般出遊的團體當中，女生與男生的比例約為6：4；再則，根據《哈佛商業評論》的研究，全球的消費性產品支出，有7成是由女性決定，若稱她們是當今世界上的「採購長」，真是當之無愧。採購長應具備的特質之一就是精打細算，而依女性一年來進行的消費、與未來半年想要進行的消費項目來看，調查顯示兩者占比最高的都是「旅行」，所以當要規劃旅程的時候，就要來請教我們女性同胞的寶貴意見了。

　　女性在婚前與婚後的旅遊景點選擇有所不同，婚前女性朋友經常會以電影或電視劇的場景作為旅遊景點的參考，婚後則以小孩的課本所讀到的國家作為旅遊景點的參考，現在提供您另外一個選擇，就是未來哪個國家貨幣貶值的機會大，就往那個國家去旅遊就對了，因為這完全符合女性精打細算的特質。

 ## 與眾不同的旅遊選點──怪怪經濟學家的觀點

　　至於如何評論一國的貨幣是否被低估了？可以用「購買力平價理論」[3]為依據，而由《經濟學人》雜誌所創的**大麥克指數**[4]，就是依購買力平價的理論基礎為出發點，選擇全球最大、

---

[3] 購買力平價（Purchasing Power Parity，簡稱PPP），又稱相對購買力指標，是根據各國不同的價格水平計算出來的貨幣之間的等值係數，作為對各國國內生產總值進行合理比較，唯其與實際匯率上可能存在有很大的差距。

[4] 大麥克指數（Big Mac Index）為一非正式經濟指數，並假定購買力平價理論成立，用來測量兩種貨幣的匯率理論是否合理。

據點最多的麥當勞連鎖速食店，以作法統一規格的麥香堡售價為標準，依麥香堡在各國售價水準的不同，假設各國在購買力水準一致之下所計算出來的匯率稱之購買力平價匯率，若您所選擇的國家匯率低於此購買力平價匯率水準就是低估，反之則為高估。也就是說，用麥當勞販售的大麥克漢堡，作為衡量一種貨幣是低估或高估的簡單工具，即長期來說，合理的匯率變化應使同樣的商品在各個國家間售價是同樣的價格。

舉例而言，假設一個麥香堡在美國的售價為4美元，在台灣一個麥香堡的售價為台幣75元，以目前現匯價約為1美元兌換30元台幣來推算，則在台灣售價折算為2.5美元，這項數據計算出現在台幣兌美元的匯價被低估了37.5%，即：

$$[（2.5-4）\div 4 \times 100\%]＝37.5\%$$

2012年1月《經濟學人》雜誌公布最新的大麥克指數已經出爐了，《經濟學人》雜誌每半年會就各國間的麥香堡售價進行比較，目前麥香堡在美國的售價是4.2美元，在中國的售價只有2.44美元，比應有的匯率水準低估了41.9%；台灣麥香堡售價2.5美元，比應有的匯率水準低估了40%；泰國、馬來西亞麥香堡售價2.46美元、2.34美元，比應有的匯率水準分別低估了41.4、44.2%。看來在亞洲普遍物價還是比較偏低，在歐洲普遍物價是比較偏高的，這恐怕與各國間人民年平均所得高低有比較大的關係，不過也有例外的，像是香港、新加坡是個人所得高，但消費卻相對不是那麼高，而南美的巴西個人所得低，但消費卻相對是較高的，以下是麥香堡賣得最貴及最便宜的地區：

大麥克指數下的麥香堡

2012年1月11日止

五個最貴的地區		五個最實惠的地區	
瑞士	$6.81（6.50 CHF）	烏克蘭	$2.11（17 UAH）
挪威	$6.79（41 kr.）	香港	$2.21（16.5 HKD）
瑞典	$5.91（41 Kr.）	馬來西亞	$2.34（7.35 MYR）
巴西	$5.68（10.25 R$）	中國	$2.44（15.4 CNY）
丹麥	$5.37（31.5 Kr.）	南非	$2.45（19.95 ZAR）

註：本數據不考慮消費者相對購買力不同；也不考慮印度的麥香堡係以雞肉代替牛肉。

（資料來源：整理修改自《經濟學人》雜誌）

　　從大麥克指數公布之各主要貨幣兌美元相對高低估的圖表中，我們就可以規劃出，從貨幣被低估最多的國家或地區開始旅行，如印度、烏克蘭、香港、馬來西亞、中國、南非、泰國、印尼、台灣、斯里蘭卡等國，要趕緊先去玩，因為未來這些貨幣未來升值的機會較大，但不保證一定會升值，要再仔細觀察該國的匯率政策、商業競爭力、消費型態或經濟前景好壞等因素影響而定，但對於其他國家來說，這些貨幣相對被低估的國家，就代表拿美元去該國消費是比較便宜的，花起錢來也相對比較過癮的，所以，應該可以作為我們規劃出國旅行首發團的名單之中。

　　這時候您還在等什麼，手上的美元是愈來愈不值錢了，還不如趕緊把美元兌換成以上這些低估的貨幣，出國把它爽快的花掉吧！但如果您是偏愛非得去歐美地區旅遊不可的話，因為

歐元及美元較高估，未來貶值的機會較大，則建議支付旅費和當地消費時應該以信用卡去刷比較划得來，因信用卡有延遲付款作用，對於等到我們要支付卡費的時候，匯價會比較便宜些。

3

技術分析停看聽——
趨勢是你的朋友

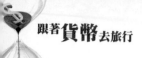

歷史會重演，與其賠不如學

學會技術分析，有效判斷匯價走勢，
當歷史不斷重演時，市場氛圍影響你多大。

技術分析的基本信仰建立在——「歷史會不斷重演」，並試圖藉由大量的統計資料來預測行情走勢，而這一狗票的資料，會以圖表表現出來，不管是頭肩反轉、菱型、楔型或倒V型，當價格、成交量產生變化時，投資人就得注意風險控制與金錢管理這兩者間相對應的關係了……

 ## 歷史不斷重演，口袋愈破愈大

影響匯價走向的因素極為複雜。經濟基本面、政治面、政策面、突發事件、天災人禍、謠言消息面等等，隨時都會牽動匯價大幅波動，投資人單靠這些訊息來作為外匯交易買賣的依據不只不夠，恐怕還會讓你的口袋愈破愈大洞。

投資人想玩外匯，不懂技術分析，很難讓荷包滿意入帳，這也是為什麼技術分析是從事外匯交易員所必修的一門課。實務上，技術分析在金融市場上投資決策的使用相當廣泛，尤其是在外匯交易市場方面著墨最多。根據調查指出，全球有近9成的外匯交易員都在使用技術分析作為交易決策的參考工具；那

麼，既然我們要參與匯市投資盛事，您能不好好學會技術分析嗎?!

　　人類是慣性的動物，習於走同條路線去上班、上學，會吃固定喜愛的食物，也會有固定的生理時鐘運轉，按時吃飯、工作及睡覺；若延伸到投資人在做投資決策的行為上，同樣也會出現有如生活般的慣性。回想一下，您是不是經常會犯同樣的錯誤，總是在市場極度恐慌時賣出美元，而在市場極度樂觀時跟著買進美元，就這樣賺賠之間，不用分析都知道結果。事實上，也就是在投資人的集體市場投資行為不斷重複出現的過程中，經過一段長時間，累積出了美元所走過的點點滴滴痕跡之後，自然發展出一條有規律、且有脈絡可循的美元匯價歷史軌跡圖，技術分析師們從這匯價的歷史走勢圖當中，利用一些透過研究專家們所發展出的統計工具建立了未來匯價預測模型，而這就叫做「技術分析」。

> 技術分析是藉由研究，分析過去金融商品價格走勢或成交量的資料，接著決定買進及賣出的時機點。

　　技術分析的基本假設前提是：雖然時空一直在更迭，但歷史會反覆重演，因此，只要掌握價格變動軌跡，看是屬於何種型態，就能正確的預測未來之價格走勢。**技術分析較側重於投資時機之掌握，而基本分析則側重於選對的金融商品。**技術分析理論認為，投資者會集體重複他們之前投資過的行為，「每個人都想要參與下一階段匯價的循環」、「倘若英鎊兌美元再次回到1.60美元時，運用技術分析的投資人就會去買它」，那

麼英鎊的漲勢就會更加地被推波助瀾，這些都是因為投資者們重複不斷地追高的關係。對一個技術分析者來說，市場上的情緒也許是不理性的，但它們確實一直都存在著。投資者通常會重複他們慣性的投資行為，所以，技術分析者相信，可以藉由大量的統計資料，找到一些可預測性模型和圖表，進而分析、預判未來匯價可能的走勢，因為，技術分析的基本信仰就是建立在「歷史會不斷重演」。

　　但技術分析者不一定侷限在圖表中，也不總是只關心價格的趨勢而已。舉個例子，譬如技術指標顯示，目前匯價正值多頭排列且氣勢正旺之中，絲毫沒有作頭的跡象產生，當然也沒有作空的理由，此時技術分析者便會持續作多。不過，也有的技術分析者會轉而監看投資者心理方面的報告，並開始擔心：「當絕大多數的人都看多時，上漲的趨勢就有可能反轉。」這個前提假設了看多（預測會有較高價格）的投資者都已經買進該貨幣了，而因為大多數的投資者都看多，且已經下場投資了，這時市場可能只剩少數一些買家而已，也就是說，這群依著投資者心理（可以解讀為觀看市場氛圍）的技術分析師認為，接下來的潛在型賣家可能已多於潛在型買家。儘管市場上仍有著濃厚的看多氣氛，但擁護此推論成立的人，則猜測未來匯價將會開始下跌，這個例子是反向投資法的一個例子。

　　技術分析的指標可能一種數據，會因解讀的不同出現不同推論，而預測未來價格的準確與否，就要端看個別投資者的歷史經驗與判斷準確性的多寡而定了。

開啓技術分析之門

技術分析:「非禮勿視、非禮勿聽、非禮勿言」也,
不執著表相、勿聽消息面、不參與太多討論。

技術分析方法的演進和其他投資研究一樣,形成百花齊放的
局面,流派之多,目不暇給,論點也各有不同,但是目的不
外乎就只有兩個:一是判斷趨勢的多空、二是買賣時機的選
擇。

首先,在進入技術分析這門課之前,先跟大家介紹一下什
麼叫做「**K線理論**」。K線理論發源於日本,是最古老的技術
分析方法,是由日本江戶時代的大米商本間宗久於1755年所發
明,他是當時日本傳統著名的相場師(即交易高手)之一,相
當於現在所稱的投資或投機大師,剛開始是利用陰陽燭線來分
析大米期貨交易。

K線具有東方人所擅長的象形思維特點,沒有西方用演繹
法得出的技術指標那樣定量化,因此運用上還是存有主觀意
識的判斷,而非以純數據化作依歸。**K線是由每日的開盤、最
高、最低與收盤價四個價格所組成**,它可以反應出當日交易的
多空雙方的決戰過程,將多空力道增減或互換的過程,利用圖
型化的技巧表現出來。所以,即使是單一K線本身,亦具有表

徵多空的能力。另外，由於台灣對收盤價＞開盤價時的口語化稱為「收紅」，代表的就是「陽線」；反之，則稱為「收黑」，代表的就是「陰線」；故在以下文章中亦會以此用語闡述之。這裡先從K線的畫法及種類來加以介紹：

「K線圖」的畫法

K線是依開盤價與收盤價，用實體的紅黑線表現出來，並把最高價與最低價用虛體的影線表現出來（如附圖），故可表現其力道並依其走勢進行繪製：**陽線代表上漲、陰線代表下跌、十字線代表變盤，其中柱狀體的部分稱為「實體」，上下方凸出的直線則稱為「影線」。**

在附圖中，A表收盤價較開盤價為高，其中間實體部分可以白色方格表示，通常用紅色來標示，表示當天為「收紅盤」；B表收盤價低於開盤價，其中間實體部分則以黑色標示，表示當天為「收黑盤」。

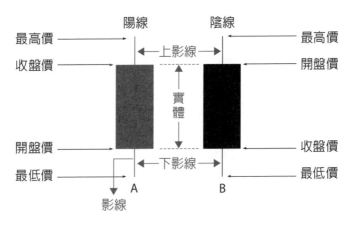

K線的畫法

K線主要圖型種類的介紹

【陽線基本圖型】

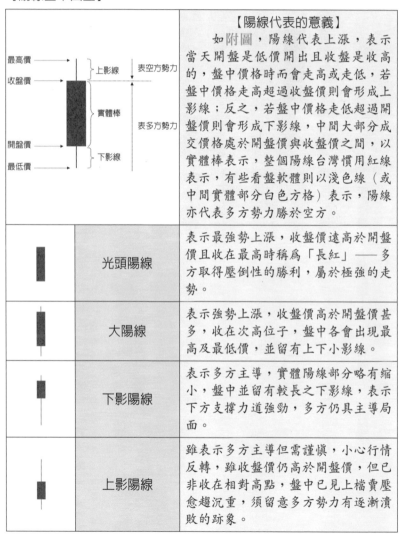

		【陽線代表的意義】
（最高價／收盤價／上影線／表空方勢力／實體棒／表多方勢力／開盤價／下影線／最低價）		如附圖，陽線代表上漲，表示當天開盤是低價開出且收盤是收高的，盤中價格時而會走高或走低，若盤中價格走高超過收盤價則會形成上影線；反之，若盤中價格走低超過開盤價則會形成下影線，中間大部分成交價格處於開盤價與收盤價之間，以實體棒表示，整個陽線台灣慣用紅線表示，有些看盤軟體則以淺色線（或中間實體部分白色方格）表示，陽線亦代表多方勢力勝於空方。
	光頭陽線	表示最強勢上漲，收盤價遠高於開盤價且收在最高時稱為「長紅」——多方取得壓倒性的勝利，屬於極強的走勢。
	大陽線	表示強勢上漲，收盤價高於開盤價甚多，收在次高位子，盤中各會出現最高及最低價，並留有上下小影線。
	下影陽線	表示多方主導，實體陽線部分略有縮小，盤中並留有較長之下影線，表示下方支撐力道強勁，多方仍具主導局面。
	上影陽線	雖表示多方主導但需謹慎，小心行情反轉，雖收盤價仍高於開盤價，但已非收在相對高點，盤中已見上檔賣壓愈趨沉重，須留意多方勢力有逐漸潰敗的跡象。

【陰線基本圖型】

上影線 開盤價 最高價 表空方勢力 實體棒 收盤價 表多方勢力 下影線 最低價		**【陰線代表的意義】** 如附圖，陰線代表下跌，表示當天開盤是高價開出且收盤是收低的，盤中價格時而會走高或走低，若盤中價格走高超過開盤價則會形成上影線；反之，若盤中價格走低超過收盤價則會形成下影線，中間大部分成交價格處於開盤價與收盤價之間，用實體棒表示，整個陰線台灣慣用黑線表示，有些看盤軟體則以深色線表示，陰線亦代表空方勢力勝於多方。
	光頭陰線	表示最強勢下跌，收盤價遠低於開盤價且收在最低時稱為「長黑」——空方取得壓倒性的勝利，屬於一路走空的弱勢。
	大陰線	表示強勢下跌，收盤價低於開盤價甚多，收在次低位子，盤中各會出現最高及最低價，並留有上下小影線。
	上影陰線	表示空方主導，實體陰線部分略有縮小，盤中並留有較長之上影線，表示上方賣壓力道依然強勁，空方仍具主導局面。
	下影陰線	表示空方主導但需謹慎，小心行情反轉，雖收盤價仍低於開盤價，但已非收在相對低點，盤中已見下檔買盤開始逐步介入，須留意空方勢力有逐漸潰敗的跡象。

【十字線基本圖型】

		【十字線代表的意義】
表空方勢力 表多方勢力 最高價 開盤價＝收盤價 最低價		如附圖，十字線代表變盤，表示當天開盤與收盤為相同價格，盤中價格時而會走高或走低，若盤中價格走高超過開盤與收盤價時則會形成上影線；反之，若盤中價格走低超過開盤與收盤價時則會形成下影線，盤中價格成交部分因開盤與收盤同價，所以沒有形成實體棒。整個十字線用任何顏色表示倒不重要，主要有以下4種型態來判斷多方與空方勢力的大小。
一	一字線	表示飆漲或飆跌的一價到底（開盤、最高、最低、收盤等4個價格同一價）的走勢，若是因為受到市場漲跌幅的限制，則表示買方（或賣方）獲得壓倒性勝利，但若是因為市場缺乏流動性的話，則表示後勢不明，將可能受消息面主導走勢。
十	十字線	表示面臨變盤的可能，收盤價等於開盤價，上下影線長度相當，代表多空勢均力敵，難分勝負。
⊥	倒T字線	表示行情看跌，盤中多方試圖拉抬局勢，可惜收盤還是被打回原形，回到開盤時的價格，多方白忙一場，代表空方勢力仍強，弱勢依舊。
T	T字線	表示會出現反彈，盤中空方雖然賣壓大，但下檔開始有多方勇於承接，使得收盤得以返回至開盤位子，顯示多方得以扳回劣勢，蘊釀反彈。

複式K線延伸常見圖型介紹

【烏雲罩頂型】

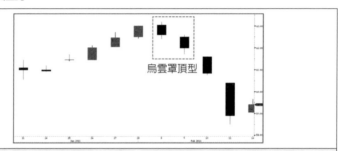

烏雲罩頂是由兩根中長黑K線組成，是研判多空轉折的重要K線型態之一。當價格連續上漲後，跳空開高走低，收盤價貫穿前一天長紅棒的一半以上，次日空頭再以第二根長黑棒摜壓成功，造成短線搶進的投機客套牢。當高檔出現烏雲罩頂時，將是由多轉空的賣出訊號。

【撥雲見日型】貫穿線

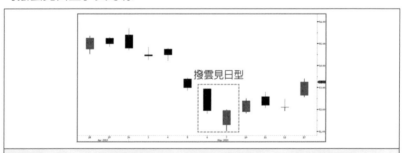

貫穿線是發生於空頭走勢中多頭力道的反撲，或是空單回補力道所造成。例如今天的開盤價低於前一日的收盤價，使空頭氣焰在開盤時持續延燒。但是，收盤時指數卻漲至前一個長黑的二分之一以上，顯示出買方力道增強或是空單獲利了結回補的力量，超乎了今日的追殺力量。因此，今日開盤時進場做空的投資人，紛紛慘遭軋空，一旦明日開盤指數向上跳空時，空方立即陷入困境。因此，貫穿線是屬於由空轉多的反轉型態。

【空頭孕育型】母子線

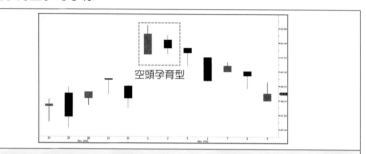

母子線又叫「孕育線」，空頭孕育型出現在漲勢末端，在高檔區孕育線由兩根K線組成：空頭孕育線的第一根K線必然是實體長紅棒稱為「母」；第二根K線則比第一根小稱為「子」，且為小黑線或十字線都可以，也就是最高價和最低價，必須完全包容在第一根K線的實體內；空頭孕育型的第三根K線，必須是以黑棒貫穿第一根實體長紅棒的最低價，這要非常小心，因為趨勢可能即將從此開始反轉而下。

【多頭孕育型】母子線

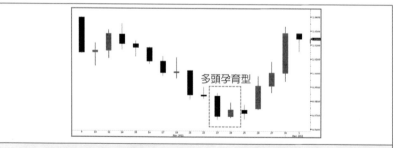

多頭孕育型出現在跌勢末端，在低檔區的孕育線同樣是由兩根K線組成，如此才會構成類似母子的線型，第一根K線必然是實體長黑棒稱為「母」；第二根K線則比第一根小稱為「子」，且為小紅線或十字線都可以，但其最高價和最低價，必須完全包容在第一根K線的實體內；多頭孕育型的第三根K線，必須是以紅棒貫穿第一根實體長紅棒的最高價，這時候須留意跌深反彈或反轉向上的行情就要展開。

【迴光返照型】高檔長紅線

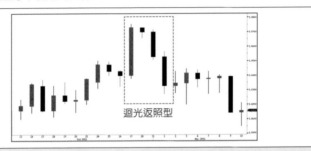

迴光返照型

當價格連續上漲一段時間後，進入高檔整理，主力無法順利出貨，於是主力再拉一根帶量的長紅棒，以營造整理結束，且即將再展開另一波段的行情之假象，吸引衝動者盲目追價介入，以順利將籌碼倒入散戶手中，完成出貨。不過是否為迴光返照？需要用未來兩、三天的K線型態來確認。

【臨門一腳型】最後吞噬底

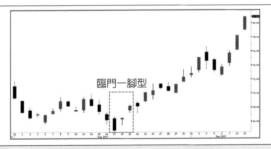

臨門一腳型

當價格連續重挫下跌一段時間後，進入低檔整理。主力在低檔整理期間，反覆吸納籌碼，當高檔套牢的籌碼逐漸認賠殺出，回流到主力作手的手中。為了輕鬆拉抬價格，主力會用向下摜壓，以「甩轎」手法，將短線介入的投資人請下車。這「臨門一腳」，就是「假破底」的長黑棒，如此才能順利把投資人手中的籌碼給「嚇」出來。如果未來兩、三天，並未突破長黑棒的高點，很可能是另一個新的下跌波段。反之，若突破長黑棒的高點，並一路上揚，則成「破底翻揚」的K線型態，最後吞噬的底部就可以獲得確認了。

我從K線發明大師本間宗久一生致力於米市行情的研究，以及他所寫的古典巨著《三猿金泉錄》書上，得到K線三大原則的啟示，就是如同我們《論語》上說的「非禮勿視、非禮勿聽、非禮勿言」，怎麼說呢？

- 「**非禮勿視**」：諭示我們不可執著於表相，須看出行情背後的意義，陰線及陽線會不斷的互換，須特別注重行情反轉的判斷。
- 「**非禮勿聽**」：諭示我們勿以消息面作為交易的根據，影響價格走勢的不是消息事件本身，而是交易者對消息所做出的反應。
- 「**非禮勿言**」：諭示我們勿與他人討論行情及市場策略，可以傾聽別人的看法，但必須具有獨立思考及判斷的能力；否則，加入參與太多的討論，將陷入自己所偏袒的主觀意識辯論當中，進而影響自己客觀的判斷。

這三大原則可說是開啟投資心法智慧之門的三把鑰匙。

看透多空圖型的美姿：三大入門祕訣第一訣

型態學的認知：教你如何認圖，
一目了然看透多空圖型的美姿。

拿了這三把鑰匙之後，接下來便是帶領大家學會三大入門功夫祕笈：第一門功夫祕笈：型態學的認知；第二門功夫祕笈：指標學的運用；第三門功夫祕笈：趨勢分析及判斷。

投資人可以根據價格圖表中，由過去一段時間所走過的軌跡型態，作為預測價格未來趨勢的方法。

當我們一看到匯價的走勢圖時，首先便概略地簡單判斷出它是多頭還是空頭型態？判斷它是正在進行中或是可能開始要拐點了？這可以讓我們推測出，市場現在正處於一個什麼樣的大環境之中，由此可幫助我們對未來投資給予一定的指導。以下介紹幾種我們常見的匯價走勢型態，有反轉、繼續及缺口三大類型態，讓投資人可以輕易地分別認識這些走勢圖。

 ## 反轉型態圖型

反轉型態是指匯價趨勢逆轉所形成的圖型，常見的反轉型態有：M頭型態、頭肩頂型態、W底型態、頭肩底型態、V型反轉型態、倒V型反轉型態、菱型排列型態：

M頭型態

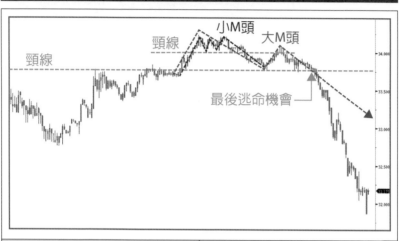

型態特徵	行情預判
1. 由二個大致差不多等高的頭部所形成,又名雙重頂,為由多轉空訊號。 2. M頭出現的時機較多,為一般的整理階段,或是多頭行情的末升段。 3. M頭之右頭要比左頭來得低才能成立。 4. M頭之中亦有可能出現圓型頂。	1. 跌破頸線時,型態即可確立,採賣出策略。 2. 例圖中跌破頸線後的小反彈即為逃命波,可以加碼放空。 3. 預估價格的最小跌幅,約為頭部至頸線的垂直距離。

（資料來源：彭博社，台新銀行整理）

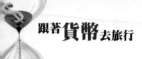
頭肩頂型態

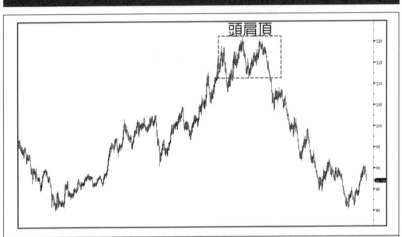

頭肩頂

型態特徵	行情預判
1. 多發生於多頭行情的末升段或是反彈行情的高點,為大多頭終結的警鐘。 2. 頭肩頂成型與否,最明顯的特徵是右肩一定得比頭部低。 3. 左右兩肩的高度不一定等高,頸線亦不一定是水平。 4. 左右肩的數目不一定只有一個,也不一定會呈現對稱個數,這種頭肩頂可稱為複合式頭肩頂。	1. 跌破頸線時,型態即可確立,採賣出策略。 2. 預估價格的最小跌幅,約為頭部至頸線的垂直距離。

(資料來源:彭博社,台新銀行整理)

W底型態

型態特徵	行情預判
1. 又稱雙重底，兩個底部與頸線的距離大致相當，為由空轉多訊號。 2. 大多發生於空頭行情的末跌段或多頭與空頭行情的修正波位置。若兩底的位置較接近時，大多處於修正波位置；若兩底位置較遠時，大多處於空頭結束、多頭起漲的位置。 3. W底的右底應明顯比左底為高才能成立。 4. W底亦可能以圓底的型態出現。	1. 價格突破頸線確立後，採買進策略。 2. 突破後回測頸線不破時，可以加碼買進。 3. 預估價格未來最小漲幅為底部至頸線的垂直距離。

（資料來源：彭博社，台新銀行整理）

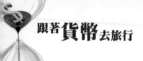

頭肩底型態

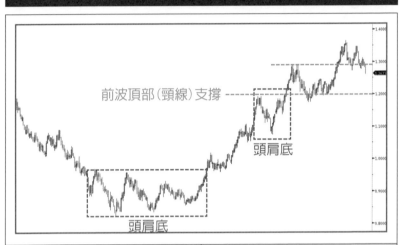

前波頂部(頸線)支撐

頭肩底

頭肩底

型態特徵	行情預判
1.多發生於空頭行情的末跌段，為大空頭終結的訊號。 2.頭肩底成型與否，最明顯的特徵是右肩一定得比底部高才行。 3.左右兩肩的高度不一定等高，頸線亦不一定是水平。 4.左右肩的數目不一定只有一個或呈對稱個數，這種頭肩底可稱為複合式頭肩底。	1.價格向上突破頸線確立後，採買進策略。 2.預估價格最小漲幅為底部至頸線的垂直距離。

(資料來源：彭博社，台新銀行整理)

V型反轉型態

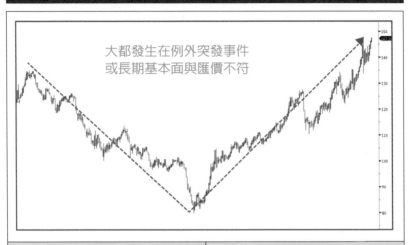

大都發生在例外突發事件
或長期基本面與匯價不符

型態特徵	行情預判
1. 發生的原因，大都起因於消息面的影響。 2. 在一波價格走到底後，價格在過度驚嚇中跳空，形成竭盡缺口；在整理一日至數日後，價格反向跳空，使整理期間的形態宛如一個孤島，又稱島型反轉。 3. 在行情發展過程中無法預先發現V型反轉，大都發生在突發重大事件之後。	1. 因為它形成的時間相當短，不足以代表主要趨勢的意義。 2. 反轉發生後，並不表示後續走勢會持續上漲，受消息面左右影響大，因此要利用島狀反轉進行交易並不容易。

（資料來源：彭博社，台新銀行整理）

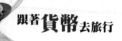
倒V型反轉型態

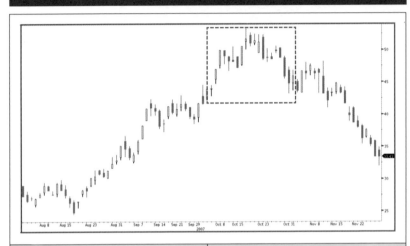

型態特徵	行情預判
1. 又稱尖頭反轉，大多發生於行情的末升段，價格在急漲之後，又再急速下跌，非常類似K線型態的「一日反轉」。 2. 最常引發此種行情的原因，多為消息面的因素所導致，令投資人對市場的快速變化措手不及。 3. 在行情發展過程中比較難馬上發現是倒V型反轉，特徵是在突發性利多之後，會再伴隨著利空消息紛至沓來。	1. 行情判斷極為不易，無法從先前的指數走勢來推估發生的可能性。 2. 反轉發生後，並不表示後續走勢會再下探，端視消息面所主導。

（資料來源：彭博社，台新銀行整理）

菱型排列型態

下降菱形

上升菱形

型態特徵	行情預判
菱型排列的形成過程分成兩個階段，即前半段價格型態走的是擴張排列，但在經過二、三個波峰谷後，價格開始出現收斂狀況，即後半段呈現了等腰三角型態，而形成了菱型排列，並分別成為上升菱型和下降菱型。	1. 菱型排列並不是常見的價格型態。一旦突破價格後，多數會往原來的趨勢前進，上升菱型為往上突破後等腰三角型的上檔壓力線，下降菱型為往下跌破後等腰三角型的下檔支撐線。 2. 如同等腰三角型態，在突破壓力或支撐線之後，即為反轉訊號，這時預估目標價格的漲跌幅至少為菱型上下最長距離的大小。

（資料來源：彭博社，台新銀行整理）

§ 繼續型態圖型

接下來介紹常見的繼續型態圖型，有三角型態、楔型、旗型三種：

型態特徵	行情預判
三角型態是最常見的價格型態，可分為等腰三角、上升三角及下降三角（後二者皆為直角三角）三種型態。等腰三角型表示多空雙方勢均力敵；上升三角型大多發生在多頭行情中的整理階段，低點會愈墊愈高；下降三角型大多發生在空頭行情的弱勢整理階段中，高點會一波比一波低。以實證來看，有四分之三的機會為連續型態，未來走勢將照著原先趨勢方向繼續前進，四分之一的機會則為反轉型態，經整理至尾端時會變盤朝反方向進行。	1. 等腰三角型、多頭或空頭行情的整理階段皆可能發生，以突破向上或向下方向來決定採買進或賣出策略，預估價格未來最小漲跌幅度，以三角型第一個高點與第一個低點的垂直距離為基準。 2. 上升三角型，價格向上突破水平壓力線後，採買進策略，預估價格未來最小漲幅為三角型第一個低點至水平壓力線的垂直距離。 3. 下降三角型，價格向下跌破水平支撐線後，採賣出策略，預估價格未來最小跌幅為三角型第一個高點至水平支撐線的垂直距離。 4. 三角型態發生突破的時機通常在整個型體間的二分之一至四分之三的範圍左右。如果超過了四分之三，顯示市場仍然在猶豫不決，這時顯然原先的價格趨勢並不夠強，此時突破後的走勢將不會太強；反之，愈早突破則後勢漲跌幅將會愈強。

（資料來源：彭博社，台新銀行整理）

楔型

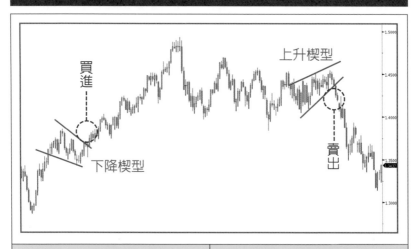

型態特徵	行情預判
楔型的價格型態類似於三角型態，其波峰與波谷連接所形成的趨勢線亦是呈現收斂的趨勢線，是呈現相同的（向上或向下）走勢。而上升楔型常發生在空頭走勢的反彈波，一旦跌破下方趨勢線，便將快速的再展開既有的空頭趨勢，為技術面轉弱的表徵。另外，下降楔型常發生在多頭走勢的反彈波，一旦突破上方趨勢線，便將快速的再展開既有的多頭趨勢，為技術面轉強的表徵。上升楔型與下降楔型都是價格的停頓走勢，但造成停頓的原因是趨勢力道需稍作休息才能繼續前進，為漲多或跌多的暫時休息，因此後繼趨勢不變。	1.上升楔型：價格向下跌破趨勢線確立後，採賣出策略。預估未來價格最少會跌回至楔型的底部區。 2.下降楔型：價格向上突破趨勢線確立後，採買進策略，預估價格未來最小漲幅目標為楔型之高點位置。 3.上下升楔型在始末端的三分之二處向下或向上突破時，該型態的破壞力愈強。

（資料來源：彭博社，台新銀行整理）

旗型

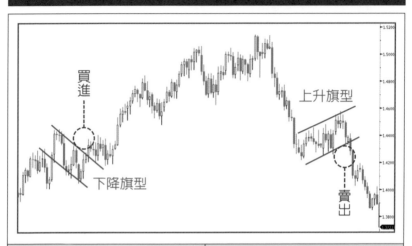

型態特徵	行情預判
旗型是短期間內，價格在區間的密集走勢，把這密集區的高點和低點分別連接起來，便可畫出二條平行的向上或向下趨勢線，所形成的價格走勢圖型看起來呈現出一面旗的形狀謂之。一般而言，旗型代表著趨勢進行途中有秩序的換手，亦即一種獲利回吐的賣壓出現，因此這個過程的進行時間不會超過數週，快則數日便可完成。同樣地，上升旗型常發生在空頭走勢的反彈波，下降旗型常發生在多頭走勢的反彈波，一旦跌破或突破趨勢線之後，便沿著既有的趨勢繼續前進。	1. 上升旗型：價格向下跌破趨勢線確立後，採賣出策略。預估價格未來跌幅至少還有一段與先前「旗桿」幅度相近的趨勢持續進行。 2. 下降旗型：價格向上突破趨勢線確立後，採買進策略，預估價格未來最小漲幅目標為先前「旗桿」長度相近的距離。 3. 旗型整理的時間必須在四個星期內完成，並朝原來預期的方向突破，否則就有可能發生整理失敗的情況。

（資料來源：彭博社，台新銀行整理）

缺口型態圖型

最後介紹缺口型態，指的是**一段沒有交易的價格區間**。

形成這種無交易的價格區段的原因有很多種，有些是市場環境突破性變化因素，有些則與市場的供需強弱度有關，常見的圖型如下所述：

突破缺口

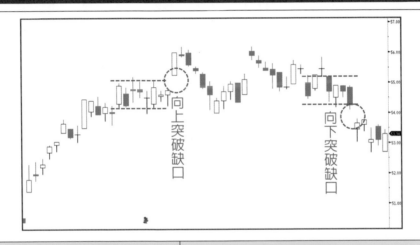

型態特徵	行情預判
突破缺口通常發生在一段價格整理區之後，當頸線附近的價位在整理期間不斷的出現買盤，而在空方前仆後繼的持續將買盤消化後，終於在某一時點，價格便在賣方力道進一步的摜壓下，向下跳空跌破頸線，形成向下突破缺口；反之亦然，稱之為向上突破缺口。	1. 在一段價格整理區過後，發生爆量的向上跳空頸線突破缺口時，則表示趨勢明顯向上，為強烈買進訊號；反之，向下跳空突破缺口為強烈的賣出訊號。 2. 由於突破缺口是一個價格將展開一段新趨勢的訊號，通常不會在短時間內被填補，因此，突破缺口具有十分重要的價格訊號，為新趨勢的起點，大行情的信號彈。

（資料來源：彭博社，台新銀行整理）

逃逸缺口

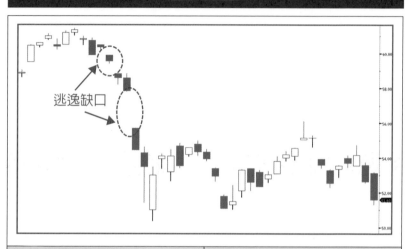

逃逸缺口

型態特徵	行情預判
逃逸缺口又稱爲連續缺口,雖然它發生的頻率較低,但仍具重要的技術指標意涵。逃逸缺口的發生,主要發生在價格趨勢出現在筆直的走勢當中,即在快速的漲勢或跌勢之中出現。趨勢進入承接期,呈現加速發展現象,激情的追逐常會發生連續性的跳空缺口,這代表著確保主升段的持續進行,所以就整個趨勢的長度來看,第一個逃逸缺口透露出市場對後勢的看法,再來就有可能出現第二、第三個逃逸缺口,這代表著市場的激情可能使行情延伸更長,意謂著趨勢只是進行到一半而已。	1.如果發生二個以上的逃逸缺口,則可以用第一個及第二個缺口的中點作爲整段趨勢的中點站位子。 2.因逃逸缺口不易馬上被填補,多發生在趨勢最順暢的時候,稱之爲行情正在進行中的激情。須注意的是,當最後一個缺口在幾天內很快地被填補後,就應開始懷疑這是竭盡缺口而非逃逸缺口。

(資料來源:彭博社,台新銀行整理)

竭盡缺口

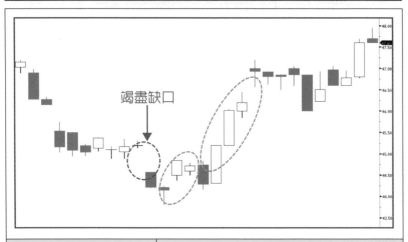

竭盡缺口

型態特徵	行情預判
竭盡缺口代表一個走勢的末端，趨勢力道衰竭的象徵。一般而言，跳空缺口是市場力道的展現，尤其是帶量的跳空缺口。然而，在缺口發生後如果無後繼之力，走勢為之停頓時，則顯示這個缺口是市場的最後一道力量，之後市場已無動能再維持原有的趨勢了。因此，在最後這道市場動能全部耗盡的缺口被迅速回補之後，便暗示後勢將進入整理或反轉的可能性大增。	1. 通常最後一個缺口很快被填補，便大致可確認這個缺口就是竭盡缺口。 2. 置身在快速的漲勢或跌勢當中，如何去分辨到底是竭盡缺口或是逃逸缺口？由於快速走勢的第一個缺口一定是逃逸缺口，因此，最簡單的方法便是，以逃逸缺口的發生位置當作整個走勢的中點，計算整個趨勢的長度，如此一來便可判斷出該處所發生的缺口是不是竭盡缺口。另一個判斷的方法則是成交量，如果當天爆出不尋常的巨量（相較於先前平均量大上數倍），則很可能就是一個竭盡缺口。 3. 雖然竭盡缺口不代表會立即反轉，卻代表原來的走勢將被中止，這時候投資人應該暫時出場觀望，因為後續反轉的可能性很大。

（資料來源：彭博社，台新銀行整理）

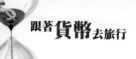

有效的指標趨勢分析：
三大入門祕訣第二訣

指標學的運用：教你如何鎖定目標，下一手好棋。

 第二門功夫祕笈——指標學的運用

有效的技術指標趨勢分析工具可以決定良好的交易決策，成為預先發現價格（Price Discovery）的最佳利器。但是，在這麼多外匯交易當中，運用技術分析的時候，有琳瑯滿目的指標，哪一種最能精確預測未來匯價的短、中、長期走勢？又該如何預判多空轉折？如何找出匯率價格的支撐及壓力點？以及何時決定買賣決策的執行？這些都是操作匯價獲利與否的關鍵所在。

國際主要貨幣是全球24小時，不停的在各個主要交易所內交易，無法以一個固定時點來結算各國際主要貨幣當天實際的交易總量，因此，在進行匯市的技術分析時，想要用與匯市成交量相關的技術指標來輔佐，根本不可能，也無法端看多空力道的強弱程度，缺少了價量關係的配合，更少了「量先價行」（指成交量放大時，就是價格上漲的號角）先行指標的領航，實為匯市交易在運用技術分析時的遺珠之憾。所以，本文僅以選用匯率之價的技術指標來作為買賣決策的依據，略過量的技術指標不談。

112

　　筆者花了超過15年的時間，鑽研技術分析研究，並從坊間眾多的技術指標中，化繁為簡，利用技術指標與價格之間，依準確度與回溯測試投資績效方面表現最為優異者，為大家挑選出適合短、中、長線，分別用來作為交易決策的最佳技術指標分析工具。

 ## 3個月內的短線操作

　　供短線（本文設定為3個月內）操盤用的技術指標，建議採用「隨機指標」，簡稱**KD指標**[1]。

　　1950年代晚期，美國人喬治・藍恩（George C. Lane）所發明的KD指標是敏感度極高且最常用的短線指標之一，本文省略不去介紹它的公式由來，我們只要懂得其主要功能，並且會運用即可。KD指標設計的精神，在於根據觀察匯價上漲時，當日收盤價總是朝向當日價格波動的最高價接近；反之，當匯價下跌時，當日收盤價總是朝向當日價格波動的最低價接近之原理。此外，並改善移動平均線反應遲鈍的缺點，將每日盤勢的開盤、最高、最低、收盤等價格透過計算，表達在這項指標中，其中：

> K值為快反應的隨機指標
> D值為慢反應的隨機指標
> D值較K值走勢平緩，且方向是一致的

---

[1] 喬治・藍恩所發明的KD指標，其實內容與「隨機」毫無關係，原因是當時任職於Computrac公司的程式設計師Ralph Dystant，在說明KD指標時用了「隨機」二字而來。

市場上常用的參數為9日或14日KD，其實二者皆可以，因為二者的差異只在KD值走勢的斜度陡峭或平緩，並不影響走勢的方向。

以下是3個月內的短線操作訣竅：

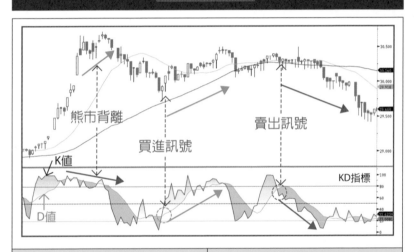

短線操作訣竅

交易策略	操作注意事項
1. 當K、D＞50為多頭占上風；當K、D＜50為空頭占上風；當K、D＝50為多空勢均力敵。 2. 當K＞D為多頭趨勢，宜作多；K＜D為空頭趨勢，宜作空。 3. 當K、D＜20進入超賣區，隨時可能出現反彈或回升，宜伺機買進；當K、D＞80進入超買區，隨時有可能出現回檔或下跌，宜伺機賣出。 4. 當K線由上往下跌破D線，為賣	1. 可配合波浪理論對上升波浪之一、三、五上升波相互印證，加以確認趨勢。 2. 短期超買或超賣較強弱指標（RSI）準確，可以明確提示其買賣進出點。 3. 缺點一，容易於大波段行情中過早提前出場。 4. 缺點二，可能因出現多次交叉騙線而多增加來回進出的交易成本。

出訊號；若D＞80時更應積極賣出。 5.當K線由下向上突破D線，爲買進訊號；若D＜20時更應積極買進。 6.KD線具有趨勢線的功能，當價格走勢與KD線呈背離現象（如圖示），表示原來價格趨勢有即將反轉的徵兆，爲買進或賣出的時機，價格走勢隨後將跟隨著KD線走勢趨於一致。	5.缺點三，因爲KD值介於100至0之間有極限值特性，在高檔或低檔時，容易產生鈍化，因而失去指標功能。

（資料來源：彭博社，台新銀行整理）

 ## 3至6個月的中線操作

供中線（本文設定爲3至6個月內）操盤用的技術指標，建議採用「平滑異同平均指標」，簡稱**MACD**指標。

1979年，由Gerald Appel及W. Fredick Hitschler二位美國學者首先提出，1986年再由美國人Thomas Aspray加入柱狀圖（Histogram），成爲現今常用的MACD指標。

MACD利用快速和慢速的平滑移動平均線（EMA），計算兩者之間的差離值（DIF），再利用差離值與差離值平均值（DEM）的收斂與發散的徵兆，用以研判匯市行情買進或賣出的時機，具有確認中長期波段走勢，並有找尋短線買賣點的功能（本文著重在運用，因而略去公式由來），市場上大多採用參數12日與26日的平滑平均值，以及9日的MACD值。

以下是3至6個月的中線操作訣竅：

中線操作訣竅

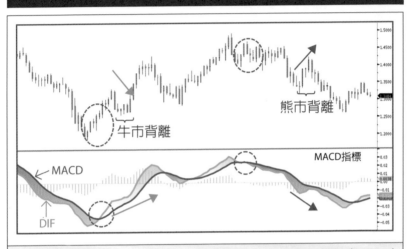

① 快速綠線為DIF，慢速紅線為MACD；當交叉向上，匯價多頭便確立；而當交叉向下，匯價空頭便確立。
② 當柱線由負轉正時為買進訊號；當柱線由正轉向負時為賣出訊號。
③ 須留意牛市背離與熊市背離。

交易策略	操作注意事項
1. 當MACD與DIF值皆為正數，此時為多頭行情；當MACD與DIF值皆為負數，此時為空頭行情。 2. DIF向上穿越MACD時為買進訊號；DIF向下穿越MACD時為賣出訊號。 3. 檢視柱線OSC＝DIF－MACD。當柱線由負轉正時為買進訊號；當柱線由正轉負時為賣出訊號。 4. 亦可利用趨勢線的原理來連接MACD的高點或低點，衡量未來	1. MACD為中長期指標，不適合於短線操作。 2. MACD的買賣訊號通常較大盤的高低點落後。 3. MACD依實證研究結果約可以減少52%的移動平均線，頻頻出現假突破的買賣點，可減少無效的交易次數，提高獲利能力。 4. 波段行情之後，MACD與DIF經常「糾纏不清」，買進或賣出訊號變差，此時就不宜再使用。

的壓力或支撐位置。如果,當匯價逐漸升高,但MACD的高點卻一波比一波低時,就形成了「熊市背離」,未來行情大跌的機率將會升高;倘若匯價不斷創新低,但MACD的低點卻不斷升高時,則稱之為「牛市背離」,未來行情大漲的機率偏高。	

（資料來源：彭博社,台新銀行整理）

 6個月以上的長線操作

　　供長線（本文定義為6個月以上）操盤用的技術指標,建議採用「**趨向指標**」,簡稱**DMI指標**。

　　DMI是1978年由美國投資專家Welles Wilder所提出,運用統計學計量分析的方法,藉由創新高價或新低價的動量,研判多空雙方的力道,進而尋求雙方力道的均衡點,是屬於中長期投資策略的技術指標。指標DI為觀察匯價的波動或是方向,市場上常用參數的期間為14日（本文著重運用,略過公式由來不談）。

　　以下是6個月以上的長線操作訣竅：

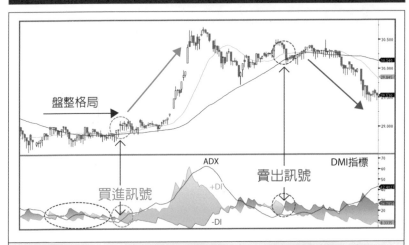

長線操作訣竅

盤整格局

ADX

DMI指標

+DI

-DI

賣出訊號

買進訊號

下方的綠線為＋DI，紅線為—DI，黑線為ADX，稱之為平均趨向指標，以20為趨勢形成之基準。

交易策略	操作注意事項
1.＋DI為上漲方向指標，其值愈高時，代表多頭行情；—DI為下跌方向指標，其值愈高時，代表空頭行情。 2.ADX作為趨勢行情是否出現的判斷依據，當行情明顯朝某一方向（不管多或空）進行時，ADX值逐漸顯著上升，代表價格趨勢力道將會增強，若ADX數值低於20，則不論＋—DI走勢如何，均顯示市場沒有明顯趨勢，亦表示行情呈現盤整格局，此時ADX通常會低於＋DI與—DI兩條線以下，建議投資人應該退場觀望，以靜待較明確行情的出現。	1.DMI指標走勢遲緩，如果等到買賣訊號出現時，經常是行情早已走了一段路了，因此，DMI指標只適用於中長期投資，並不適用於短線操作。 2.DMI指標適用在趨勢明顯的市場，當行情處於盤整階段時，DMI指標只適合判斷行情，而不適用於買賣交易決策。

3. 當ADX從上升的走勢或高檔盤旋轉之後開始下降時,顯示行情即將反轉。
4. 當＋DI線由下向上突破─DI線時為買進訊號,若此時ADX線呈現上揚,代表漲勢將更強。
5. 當＋DI線由上向下跌破─DI線時為賣出訊號,若此時ADX線呈現上揚,代表跌勢將更凶。
6. 當＋DI線與─DI線相當接近時,甚至糾纏不清,此時若ADX值亦降至20以下的話,則代表行情正處於盤整階段,多空方向不明。

(資料來源:彭博社,台新銀行整理)

　　學會以上三大技術指標,當作自己口袋的法寶及錦囊妙計,相信會受用無窮。

　　由於每個指標不可能百分之百完全預測到未來匯價走勢,且每個指標亦有自己的盲點及限制,因此,最好要有至少兩種以上的指標來作相互印證,從中間找到最佳的交易決策。但投資人可別找太多個指標做參考,因為,等到所有的指標都顯示了最精確的買賣時點時,行情早已走了一大段的路,這樣的決策雖然比較萬無一失,但同時也失去了技術指標預先發現價格的功能,當然,預期報酬相對上自然就被打了折扣。我特別挑選出上面這三種技術指標,最能精確代表匯價走勢短、中、長線波動的預測性,也是市場投資人最為廣泛使用的指標之一,同時在各個財經網站中也是較容易取得的資訊,因此,只要讀者善用這三大技術指標,獲利肯定是十拿九穩的。

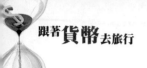
趨勢是你的朋友： 三大入門祕訣第三訣

當趨勢成為你的朋友後，
下好離手，作出美妙的交易吧！

 第三門功夫祕笈——趨勢分析及判斷

　　美國著名的技術分析師喬治・藍恩曾說過一句華爾街中最受歡迎的句子——「趨勢是你的朋友」，而這就是我要告訴投資朋友的入門祕訣三。不是任何人都能成為自己的朋友，得先通過前面「型態學的認知」與「指標學的運用」這兩門基本功夫的考驗，在順利取得資格門票之後，才能進入最後的第三道門——「**趨勢分析及判斷**」——取得功夫祕笈。

　　與第一門功夫——市場型態理論相比，趨勢理論更具有長期性和前瞻性，可說是「形近而勢遠，形小而勢大」。對趨勢而言，投資者盡可能不要逆勢而為，在市場真正的拐點出現之前，別輕言預測頭部或底部，這在某種程度上是敬畏市場及尊重趨勢的表現。

　　我們常在有關投資的報章雜誌上看見，建議投資人要「順勢而為」，但怎樣才能斷定目前就正處於順勢的浪頭上，而不是浪潮的尾端，會不會一上車就套牢，開始逆勢行走呢？因

此,如何判斷趨勢的多空與行情的長短,就必須學會客觀的趨
勢分析基本功夫,以及培養並累積主觀的經驗判斷。

以下是幾招有效的趨勢分析與判斷的操作訣竅:

「趨勢線」的運用

由於價格在波動過程中,常會出現高點與低點,將這些高
點或低點連結起來,就形成了**趨勢線**。它可以分成上升趨勢線
與下降趨勢線二種。上升趨勢線是由二個以上的價格低點(俗
稱波底)所連成的直線,這下檔的直線又稱為「**支撐線**」,由
於價格的波動區間皆在此線之上,故稱之為上升趨勢線。同
理,下降趨勢線是由二個以上的價格高點(俗稱波頂)所連成
的直線,這上檔的直線又稱為「**壓力線**」,由於價格的波動區
間皆在此線之下,故稱之為下降趨勢線。

以下是趨勢線的操作訣竅:

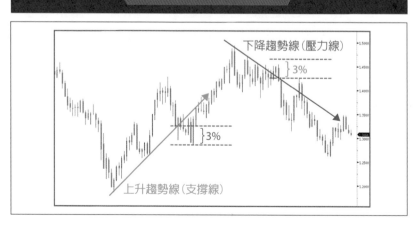

趨勢線運用的操作訣竅

交易策略	操作注意事項
1. 當上升趨勢線為左下向右上傾斜時為多頭市場。 2. 當下降趨勢線為左上向右下傾斜時為空頭市場。 3. 當價格跌至上升趨勢線（支撐線）時可買進，當價格漲至下降趨勢線（壓力線）時可賣出，但同時也要設停損點。 4. 長期有效的上升趨勢線一旦被跌破達3%時，就應停損反向賣出；長期有效的下降趨勢線一旦被突破達3%時，就應停損反向買進。	1. 若形成上升或下降趨勢線的高低點愈多，則表示其支撐或壓力的作用就愈大。 2. 若過於陡峭或平緩的趨勢線其代表趨勢的效用就愈低，則後勢被修正或逆轉的機率愈高。 3. 若發生趨勢線被突破或跌破在3%漲跌幅之內的話，稱之假突破或假跌破，可以不予理會，代表原趨勢不變。

（資料來源：彭博社，台新銀行整理）

「扇型理論」的運用

扇型理論為主要趨勢的逆轉訊號，因趨勢線的變換有如扇子狀般展開，而名為「扇型」。走勢是在頭部（或底部）走一個弧形底的輪廓，利用連接逐漸變換的波底（或波頂）形成三條不同的基本趨勢線，且斜率愈來愈平坦。

下面是扇型上升趨勢線的圖例說明：

扇型理論圖例

　　當價格走勢觸底後，一開始便出現急漲、呈現陡峭的上升趨勢線，但在波段觸頂後，卻出現一個快速的回跌修正，並且跌破第一條上升趨勢線，然後，價格在形成自頂部回挫的第一個波底後回彈，並與最初的起漲底部連線，形成第二條上升趨勢線。

　　第二條趨勢線的斜率較第一條要來得平坦，但不久之後，價格再次回跌並跌破第二條上升趨勢線，隨後出現較為緩和的回跌修正，並築出自頂部回挫的第二個波底，並與最初的底部連線，形成第三條上升趨勢線。

　　這三條上升趨勢線，所形成的形狀就如一個展開的扇子，最後整個價格擺盪已漸趨於平緩，盤頭的走勢大致即將完成，所以，當價格一旦跌破第三條上升趨勢線時，投資人就可視之為上升趨勢已開始出現反轉的有效訊號，此時整個扇型頭部就已宣告形成，接下來趨勢便是要由多轉空了。

（資料來源：彭博社，台新銀行整理）

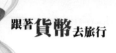

 「移動平均線」的運用

　　「移動平均線」為美國葛蘭碧（Jogepsb Ganvle）所研發，一般都以收盤價來計算移動平均數，再將每日的移動平均數連結繪製成曲線，即為移動平均線。它可以讓價格K線圖瞭解到自己現在所處的位子，看到底是離目前不同期間內的平均水準差距多少？移動平均數可以視為計算天數期間買方與賣方的均價，例如10日均線是代表10天之中，買方與賣方的均價。因此，當最近1日的收盤價高於平均線時，代表多方居於優勢；反之，則為空方居於優勢。市場常使用的移動平均線分別有5日線、10日線、20日線（泛指月線）、60日線（泛指季線）、100日線及200日線等。

　　下面是移動平均線的圖例說明：

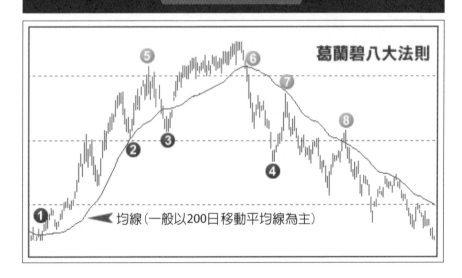

葛蘭碧八大法則圖例

葛蘭碧八大法則

均線（一般以200日移動平均線為主）

買點	賣點
1. 平均線（這裡指200日移動平均線）由下降的趨勢逐漸走平，並且出現上揚的趨勢，且K線由下往上突破平均線時。 2. 平均線維持上升趨勢，K線下跌觸及平均線，而跌不下去平均線時。 3. 平均線維持上升趨勢，K線向下短暫跌破平均線不遠，即獲得支撐反彈而返回平均線之上時。 4. K線大幅下跌，離平均線已遠，現貨價遠低於200日以來的平均成本，乖離過大時。	5. K線大幅上漲，離平均線已遠，現貨價遠高於200日以來的平均成本，乖離過大時。 6. 平均線的上升趨勢走平，K線由上方向下跌破平均線時。 7. 平均線維持下降趨勢，K線上漲觸及平均線而漲不上去平均線時。 8. 平均線維持下降趨勢，K線向上突破平均線不遠，即遭遇壓力下跌而返回平均線之下時。

（資料來源：彭博社，台新銀行整理）

圖為台新銀行交易室裡辛苦工作的交易人員（台新銀行提供）

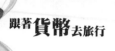

死亡交叉與黃金交叉圖例說明

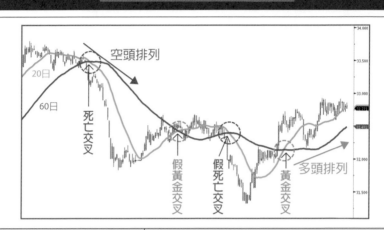

交易策略	操作注意事項
1. 短、中、長天期均線同時呈現由下至上的排列時，稱之多頭排列，為多頭行情；反之，同時呈現由上至下的排列時，稱之空頭排列，為空頭行情；若呈現反覆糾結在一起時，則為盤整行情。 2. 當K線由下向上升穿過平均線時為買進時點，由上向下跌落時為賣出時點。 3. 當短天期均線向上升穿過長天期均線時，稱為「黃金交叉」，為波段多頭趨勢。 4. 當短天期均線向下跌落長天期均線時，稱為「死亡交叉」，為波段空頭趨勢。 5. 配合葛蘭碧八大法則，另有四種買進訊號與四種賣出訊號（見前頁圖示）。	1. 雖然均線的表現較K線來得平穩，但相對地也較K線反應來得遲鈍。 2. 使用均線黃金交叉或死亡交叉作為買賣訊號時，由於價格早已預先出現波段的漲跌幅，反而在交叉時容易出現短暫反向修正走勢，不要被嚇跑了。 3. 當均線黃金交叉時，長天期均線卻是反向的往下走，稱之「假的黃金交叉」，因趨勢還未翻多，切忌冒然買進；當均線死亡交叉時，長天期均線卻是反向的往上走，稱之「假的死亡交叉」，此時趨勢還未翻空，切忌冒然賣出。 4. 當K線走勢進入盤局時，由於各均線呈現糾結，容易產生不論做多或做空皆有損失的情形，或是致使買賣進出頻繁而出現徒勞無功白做工的情形，此時交易老手便會退出觀望。 5. 葛蘭碧八大法則中亦存在著高風險不確定性的買賣訊號，使用上仍需配合投資人以往的寶貴經驗來做調整。

（資料來源：彭博社，台新銀行整理）

「波浪理論」的運用

　　波浪理論是美國證券分析家艾略特（Ralph Nelson Elliott）在1938年提出，他將市場上的價格趨勢型態，歸納出幾個不斷反覆出現的型態；波浪理論是研究價格趨勢型態種類中最完整的研究，也最廣為使用的趨勢分析工具。

　　波浪理論與其他研究趨勢的技術方法不同，它以群體心理為重要依據，因此，清淡的交易市場難以發揮它的作用。艾略特歸納整個市場的價格波動型態，發現不論趨勢的層級大小，均遵循著一種五波上升、三波下降的基本節奏，五波的上升趨勢可分為三個推動波、二個修正波。三個推動波分別為第1、3及5波，而修正波則為第2及第4波；另外，三波下降趨勢波則分別為A、B、C三波。

　　這上升及下降的八波形成一個八個波動的完整週期，這樣的週期將不斷地反覆持續進行，且現象普遍存在於各種時間刻度，而形成各種大小的波浪，每一個波都可包含更小規模的波動。就像大自然潮汐波浪一樣，一浪跟著一浪，周而復始，這種有相當程度規律性的模式，不斷地重複在型態上前進和反轉（如附圖）。

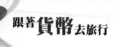

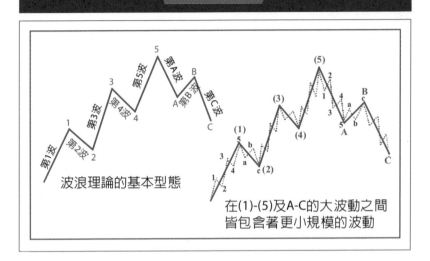

波浪理論圖例

波浪理論的基本型態

在(1)-(5)及A-C的大波動之間
皆包含著更小規模的波動

 「空間轉折」的運用

　　除了上漲或下跌趨勢之外，還有另一個趨勢叫「盤整」，雖然在長期上漲或下跌趨勢當中，不時都會出現短期的回檔修正階段，這時間我們通常都不理會它，因為價格在拉回或反彈後，終究還是會照著原漲勢或跌勢繼續前進，何必浪費交易手續費在這裡進出呢？但是，若這個回檔修正期間拉得太長，就會形成所謂盤整趨勢，此時我們可不可能袖手旁觀，浪費資金停留的時間價值，這時候我們會利用一個不錯的工具——「**黃金切割率**」，作為在盤整趨勢期間的回檔（反彈或回測）過程之中，選擇適當的價位來介入，以希冀獲得短波段的獲利空間。

　　「黃金切割」最耳熟能詳的是與達文西的連結，他不僅是文藝復興時期的義大利畫家，同時也是一位力學家與工程師，他的繪畫與幾何學有著相當密切的關聯，而他的黃金切割率亦為艾略特所創的波浪理論所套用，成為世界聞名的波浪骨幹之一，廣泛地為投資人士所採用。

　　黃金切割率除了固有的0.382、0.5與0.618等三個反壓或支撐點以外，匯市還衍生出0.236及0.764另外兩個重要的切割點，也就是說，當回檔行情正式展開時，要先預想匯價可能回檔至何種位置，將盤整階段的最高點及最低點之間切割成五個黃金切割點，分別為：0.236、0.382、0.5、0.618、0.764，而匯價在回檔行情進行中，將有可能在這些黃金切割點上，遇到暫時的阻力或支撐。

黃金切割率圖例說明

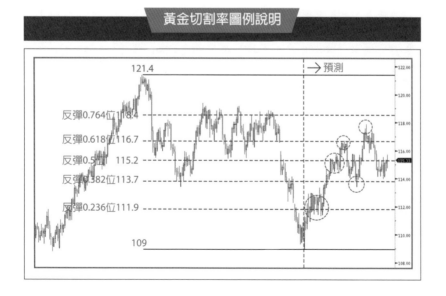

美元兑日圓於2006年上半年間，從121.4回挫至109的跌勢中，自底部109反彈至0.236位子，為111.9，其計算為：

$$109 \div [(121.4 - 109) \times 0.236] = 111.9$$

以此類推可計算出其他各個黃金切割點的價格位子，當然我們不可能於109底部時，敢於進場買入，一定得等到反彈至0.236位子，於111.9價格處站穩了，確定反彈行情啟動時，才會開始介入買進。

等反彈到0.382位子113.7時，漲勢持續則應續抱，再等到反彈至0.5位子115.2，漲勢見停頓時，保守的投資人此時便可以開始採取獲利了結的動作，這樣就可以短線獲利了結：

$$(115.2 \div 111.9) - 1 = 0.0295，約3\%的報酬$$

這是短線靠黃金切割率所賺取的穩當報酬。

黃金切割率不僅適用於回檔行情的推算，亦適用於延伸波的漲跌幅推算，如艾略特波浪理論中波段漲跌幅的預測，例如在漲勢時主升段第3波通常會大於第1波初升段的1.382倍，而在跌勢時c波下跌通常也會大於第a波的1.382倍，當漲跌幅超過1倍時，亦可以利用黃金切割率計算的反壓或支撐位子，就是1.236、1.382、1.5、1.618、1.764與2倍等……以此類推。

因此，我們不管是在盤整趨勢階段，或者是預期未來波段的漲跌幅時，都可以善用黃金切割率來作為推算空間轉折時的良好工具。

（資料來源：彭博社，台新銀行整理）

 ## 「時間轉折」的運用

在推算空間轉折可能的漲跌幅之後，此時須搭配**時間轉折**的推算，讓我們預期匯價未來可以持有的期間，這時就得利用

「費波納西數列」，並參酌以往前幾波匯價波動的頻率，來預期未來可能發生的時間轉折。費波納西數列是由13世紀的義大利商人兼數學家費波納西（Leonardo Fibonacci）所發明的，他經由在觀察兔子的繁殖過程中，假設每對兔子出生滿兩個月後即可生出一對兔子，則每個月之兔子對數分別是多少？經計算後可得出對數如下：1、1、2、3、5、8、13、21、34、55、89、144、233、377、……，此數列稱為**費波納西數列**。

你可看出這數列有什麼規律嗎？我們只要仔細觀察便會發現，這數列從第三項開始每一項均恰為其前兩項之和，奇妙的是當費波納西數列趨近於無限大的時候，每兩個數字的比居然會趨近於黃金比例，譬如：55÷89＝0.618，89÷144＝0.618，144÷233＝0.618，而這不就是黃金切割率嗎？原本看似互不相干的個體卻有如此緊密的關聯，不得不令人讚嘆大自然的奧妙，如此的巧合真是令人嘖嘖稱奇！

費波納西數列圖例說明

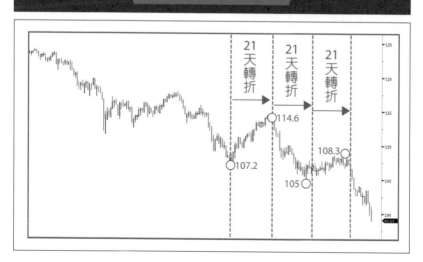

美元兌日圓在2007年11月，自107.2日圓反彈21天轉折至114.6日圓，此為波段反彈高點，之後開始返回至下降軌道中，接下來便又開始再進行下個第二輪的21天轉折，在105日圓處見到波段低點，隨後觸底反彈再進行下個第三輪的21天轉折至108日圓處見到波段高點。

在這3個月的期間內匯價進行著相當規律的時間轉折，完全符合費波納西數列中21天轉折循環週期波動。

首先，找出之前歷史價格的波動週期，以有效複製出同樣的時間轉折週期，如果我們能於114.6日圓時就抓出匯價的21天轉折週期律動的話，就可以在下一輪的21天轉折週期中，使短短1個月就有逾9%（114.6 ÷ 105）報酬的獲利。

結論就是，費波納西數列中任何轉折天數都有可能發生，必須搭配近期先前歷史價格的波動週期，喚出未來波動週期的端倪，如此一來，有了時間轉折的掌握，就可以在介入投資匯價時，知道到底應持有多久，而心裡有個譜了，才不會被市場多空訊息波動所干擾，或動搖信心。當然，若能再結合黃金切割率對空間轉折預定報酬率設立的話，就能更充分掌握匯價未來時間與空間轉折的趨勢，這也許就是上帝安排的巧合吧！

（資料來源：彭博社，台新銀行整理）

「布林通道」的運用

在外匯交易中，預測趨勢除了要有時間與空間轉折的完美搭配，還要有一個絕佳工具，印證其空間與時間轉折是否已經滿足，它叫「**布林通道**」，英文全稱是「Bollinger Bands」，這個指標是用它的創立人約翰·布林（John Bollinger）的姓名來命名的。

布林通道是趨勢指標的一種，為匯價大週期循環中判斷行情趨勢的利器，在匯價小週期中也是確立壓力或支撐位子的優

秀指標之一。布林通道與黃金切割線相比，雖然沒有其應用範圍的廣、知名度的高，但是布林通道補足了黃金切割線欠缺行情趨勢判斷的缺陷。

一旦布林通道確立了，便為投資者指示了目前正處於交易趨勢的哪一種位置。布林通道是根據統計學上的標準差計算設計出來的，依照匯價走勢，總是圍繞在價值軸心上下震盪，隨著價格的不斷變化，震盪幅度也隨之變化。

布林通道的計算方法比較複雜，它主要是以統計學中的標準差為概念，由上下軌和中軌共同組成。

以N日的布林通道為例：

$$中軌＝N日移動平均線（MA）$$
$$上軌＝中軌＋1倍或2倍標準差$$
$$下軌＝中軌－1倍或2倍標準差$$
$$MA＝N日收盤價之和÷N$$

根據統計學的結論，表示K線價格大多數成交時間基本上會在上下軌道內運行，在均值（中軌處）上下的1倍標準差的範圍裡，表示K線價格走勢有68%的機率會在此1倍標準差上下軌道內波動；同理，在均值上下的2倍標準差的範圍裡，表示K線價格走勢有95%的機率會在此2倍標準差上下軌道內波動。一般在市場上，大多會用2倍標準差來表示布林通道走勢，也就是布林通道靠這樣的特性才能隨著K線走勢變化，而幾乎把K線給包覆住。

換句話說，若一個價格落在軌道之外的話，不久之後將會很快地再返回到上下軌道之內。簡單假設，100天交易期間內，

價格落在1倍標準差上下軌道內的天數，約為68天，落在2倍標準差上下軌道內的天數，約為95天，也就是價格跑出2倍標準差上下軌道外，只剩5天的時間，這時候就是嚴重超漲或超跌的現象，這時您還會去追高或殺低嗎？聰明的您，反而在此時就該選擇反向的操作策略，機會難得，趕緊獲利了結或是勇於買進。

布林通道一般的研判方法是：(1) 布林通道呈向上趨勢時，表示匯價行情主趨勢為向上；(2) 當布林通道呈向下趨勢時，表示匯價行情主趨勢為向下；(3) 當布林通道平行移動時，表示匯價行情處於橫向盤整走勢。(4) 當布林通道上下軌縮小時，表示匯價震盪波動幅度縮小，下一波可能反轉的行情就即將浮現。反之，若布林通道上下軌寬度擴大時，表示匯價震盪波動幅度放大，代表主要趨勢行情將走更久。如果說黃金切割率與費波納西數列充滿了人為主觀上的判斷，這時我們再佐證以布林通道的統計科學數據，那麼，分析及判斷趨勢上就可以萬無一失地提高預測準確性，取得獲利保證卡。

布林通道操作訣竅說明

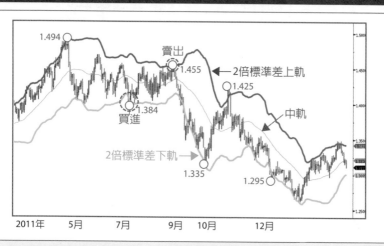

美元兌歐元在2011年5月、7月、9月、10月、12月時,都分別有若干日的盤中價格跑出2倍標準差上下軌道之外,但都不超過3日內,馬上回到2倍標準差上下軌道內。

這個例子顯示出,價格落在布林通道外側的概率很小,即使出現,也會很快再返回至通道內。

2011年7月,歐元跌落到布林通道下軌至1.384美元位置,投資人若敢於在價格破1.39美元時就買入,那麼,等到8月時,價格出現在布林通道上軌區1.45美元以上賣出的話,這短短1個多月的時間,就能有獲利約4.3%(1.45÷1.39)的報酬。

因此,只要等到超出布林通道上下2倍標準差軌道外時,都是千載難逢絕佳反向操作的獲利契機。

(資料來源:彭博社,台新銀行整理)

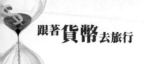
尊重市場，讓子彈飛

對你來說價格是糖衣，但它是數字還是毒藥？
記得，Following the Market，因為，市場永遠是對的！

Following the Market——**市場永遠是對的**

永遠要跟著市場的趨勢走，不要逆勢而為，也不要死抱著教科書的教條，不知變通。這說得容易，做起來還真得有兩把刷子，難怪，贏家總是異類的少數。因此，學習技術分析就如這一句俗語：「師父領進門，修行看個人」，就像魔術表演：「戲法人人會變，巧妙各有不同」。

技術分析方法各自存放於讀者腦中，只能靠不斷地學習招數，利用實戰來印證及累積經驗。如格鬥一般，對手到底要出什麼招式，要怎麼曉得呢？所以，事先蒐集對手以往上場比賽的錄影帶及紀錄，好好鑽研其慣用的拳法與行走路徑，一旦與對手交手時，心中就會有個譜，當對手劍及履及時，我們就可以見招拆招，把熟練好的招數派上用場。不過，當對手出奇不意使出和以往不同的怪招時，就得立刻改變戰法，趁弱勢空檔時再給予反擊。這就是尊重市場律動，稍安勿躁，讓子彈飛一陣子，等子彈冷卻後再說，千萬不要硬碰硬，不然可是會受傷慘重的。

以下列出一些利用技術分析時操作心法的訣竅與重要觀念：

不要一招半式遊走天下

在從事外匯交易判斷匯價走勢時，若僅單一依賴某一技術指標，作為匯價買賣進出的依據，就會陷入該指標在某時段的匯率價格方向，無法準確預估。有實證研究結果指出，就算是宣告為最佳準確預測匯價的技術指標，它的準確度一樣很難超過7成，也就是仍會有近3成左右的誤差值。

因此，若僅參考一種技術指標就來當作匯價操作依據的話，遇到技術指標出現誤差率，又不幸剛好遇上匯價波動巨大之時，外匯操作的損失將不小，我才會向各位投資人建議，依技術指標既有的短、中、長期波動特性，同時把KD、MACD及DMI這3種指標列出來，一起相互觀看和印證，以便作為匯價買賣進出的最佳決策依據，只要學會這3種技術指標就綽綽有餘了。

截長補短，合作無間

在運用技術指標當作外匯操作工具的時候，須注意各技術指標應用的原則及其數據所代表的意義，譬如隨機指標（KD），或是市場上常用的相對強弱勢指標（RSI）等數據，都有0至100的限制範圍；另外如威廉指標（WMS）數據也有0至-100的限制範圍。當匯價超漲時，KD與RSI都已超過80，或是WMS值超過-20，這都表示市場已步入超買區，一旦KD、RSI數值衝上100極限值，或WMS衝上0極限值之後，匯市就會呈現高檔鈍化不動，此時匯價漲勢會持續進行，未見任何停止跡象；反之，若是匯價超跌時，亦同。因此，這時候就需要有其他技術指標，如MACD、DMI，協助判斷匯價是否能繼續上

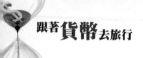

漲或下跌，這是技術指標之間相互交叉運用及配合的例子。

其他如均線與趨勢線的搭配使用、均線與波浪理論的搭配、黃金切割率與費波納西數列的搭配、波浪理論與費波納西數列的搭配、黃金切割率與布林通道的搭配等等。從各個K線圖中的型態學、指標學及趨勢學等三大基本功夫之間，統合練就出一套整合版武藝，就可達到截長補短、合作無間的最佳交易策略。

去除雜念，秉持法則

當匯價與技術指標之間形成背離時，須注意此時為趨勢轉變的訊號，當匯價突破前波高點，技術指標走勢卻低於前波高點時，或技術指標突破前波高點，但匯價走勢卻一波波地往下挫時，前者稱之為熊市背離，後者稱之為牛市背離。

當熊市背離（也叫負背離）發生時，就技術面來說已開始在預示匯價即將有轉弱的徵兆；當牛市背離（也叫正背離）發生時，就技術面來說已開始預示匯價有轉強的徵兆，而最後匯價走勢終究會朝技術指標所指示的方向前進。此時，所處的情境氣氛一定是極度的樂觀或悲觀，千萬要守住技術指標最原始的精神及法則，心中要有一把尺和不容絲毫動搖的信念，否則在外界燈紅酒綠的誘惑之下，一定會失去方針、亂了方寸，這時唯有堅守秉持法則，去除雜念，才能制敵致勝。

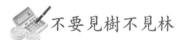
不要見樹不見林

投資人要運用「長線保護短線」的操作原則，也就是在看

K線價格走勢圖時，日線圖要搭配週線圖、週線圖要搭配月線圖、月線圖要搭配季線圖來相互參考。由於匯價在短線每日操作上，常會出現匯價Over Shooting的超漲或超跌現象，而若技術指標早已呈現高檔或低檔鈍化的情況，此時若依照日資料K線價格走勢圖及技術指標操作的話，投資人應早已提前落袋為安，而失去後市更長波段的不小漲幅或跌幅之遺憾。

　　因此，光僅僅看日資料的K線價格走勢圖及技術指標的指示是不夠的，最好還要有週資料的K線價格走勢圖及技術指標來加以輔佐才行，同時也才可以避免被市場騙線的可能，同樣地，看完週線圖之後也不要忘記同時再觀察一下月線圖，甚至是季線圖，這就是所謂的「長線保護短線」之意，也就是不要只在乎眼前的近利（幾顆樹木），而失去了更肥沃的遠利（一大片森林）。

技術分析無效

　　一般匯率交易市場依資訊透明度的強弱與匯率自由化的程度大小而有所不同，譬如說固定匯率制的幣別，如阿拉伯幣、巴拿馬幣、緬甸幣等，因為死釘住美元，匯價固定不動，當然不需要技術指標來分析。另外，外匯管制的國家，如人民幣匯市，雖然採取管理式浮動匯率機制，但是人民銀行仍可以有效控制人民幣每日的漲跌大小及方向；因此，技術指標的分析在人民幣匯率市場上可說是英雄無用武之地。所以，依技術分析方法來作為匯價交易決策的工具，**只適用於自由匯兌的幣別**，若某個匯率市場會受到該國央行人為干預，或是價格市場資訊相當不透明的環境下，這時候的技術分析是無效的。

4

你和災難約好了嗎？
——別鬧了，
聰明投資、聰明避險吧

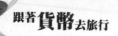

投資心法，斷尾求生

教訓是記取了，帳戶蒙塵投資人怎麼辦？
善用「壁虎法則」，聰明停損，少輸才會贏。

 ## 學會第一步，斷尾求生

投資心法的第一門課，就是要先做好「最壞的打算」，而善設「停損點」是基本功，所謂「留得青山在不怕沒柴燒」，但真要執行停損點時，就是人性弱點浮現的時刻，這時候就要有壯士斷腕的勇氣與破釜沉舟的決斷力，要有如壁虎般的「斷尾求生」之道。雖然，忍痛自割是件非常不容易的事，但為了要保命，斷尾也是不得已的必要手段，這套謀求保命的作法，讓我領悟出了一套「壁虎法則」。

當壁虎在遇到生命危險的時候，為了保住性命，只好忍痛把尾巴甩棄掉，一方面可轉移敵人的注意力，去注視那還會亂跳的尾巴，另一方面則趁此機會趕緊脫離危險，因為壁虎的尾巴只占據身體之小部分，割捨掉並不會危及性命，何況假以時日，壁虎的尾巴又會重生，這在某種程度上有「棄車保帥、顧全大局」之意。

賺錢的機會隨時都有，機會來了，就怕手上沒半點資金，所以在進行每一筆投資時，就應該開始估算可能容許損失的比率，至於停損率該設多少？因人而異，因為每個人對自己投入資本所能承受損失的程度不同。

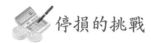 停損的挑戰

　　停損點的拿捏對匯市交易是項蠻難的挑戰，設太近容易被行情隨機波動，掃地出門，設太遠又怕虧損過大，侵蝕本金太多，元氣大失。一般人對停損認知常犯的二大錯誤是：**錯誤一：不停損；錯誤二：亂停損。**

錯誤一：不停損

　　這是最要不得的駝鳥心態，尤其是當本金損失超過3成時，通常會捨不得認賠殺出，這時冒險的心態反而愈加濃厚。不幸的是，行情往往會朝更不利的方向走，等到本金損失超過5成時，投資人往往把心一狠，乾脆賭大的，孤注一擲，抱著僥倖的心理，不過是期待有所回本而已，可惜，本金嚴重減損，即使回漲1倍，仍是嚴重虧損的狀況。

　　舉個簡單例子，若您拿100萬投入匯市，當您損失達7成時，都還沒停損，本金僅剩30萬，就算後市行情反彈了1倍，以你僅剩的30萬翻那麼一翻，也不過是60萬而已，損失還是高達4成，要完全回本已是遙遙無期之事。

錯誤二：亂停損

　　正如一朝被蛇咬、十年怕草繩一般，有些投資人在經歷過不停損的教訓，蒙受龐大損失之後，教訓是記取了，卻變相嚴格採取停損紀律，隨著市場波動起伏劇烈，毫無原則地胡亂停損，使其投資策略走向另一個極端，試看有哪個帳戶可以經得起長期無數次的停損動作，使得一開始投入的本金消耗殆盡，在彈盡援絕之下，面對愈來愈瘦身的帳戶本金，若還妄想可以起死回生，這時候的投資人只能又走回不停損的老路上，爾後

可能還得反覆不停的在停損與否的決策下苦惱不已,最後只好黯然退出市場了。

 聰明停損

其實許多投資人空有停損觀念,但卻不知要如何去執行?本書接下來介紹幾種適合一般投資人作為停損設定的方法:

1.金額停損

這是最簡單也是最常見的停損模式,它適用於個人整體帳戶的資金管理,也適用於個別交易的逐筆停損設定。建議所投入的資金虧損不要超過一開始的**10%**,保有原**9**成的本金,如此一來,未來尋求翻本時較有勝算。

例如以1萬美元買入澳幣,當時匯率為1.06,預先設立最大容忍虧損為1,000美元,要想拿回本金9,000美元的話,就應該把當筆匯率交易設在美元/澳幣為1.048的停損點。

較積極型的投資人可以放鬆風險控管,把停損點設在整體帳戶原投資總額虧損的1成;穩健型的投資人,停損點應設定在逐筆交易個別資金虧損的1成。「金額停損」雖然可以避免交易損失超過個人所願意承受的範圍,但這個方法卻是一種相當沒有效率、不科學的停損設定方法,因為自訂的停損金額往往受制於貪婪與恐懼,而非理性、科學的方式,當然這個方法不是不好,起碼至少能將風險做最大的控管,而不至於淪落到無法收拾的地步。

2.圖形及技術分析停損點

圖形及技術分析停損點得仰賴技術分析。以作多為例,若右肩比頂部低,頭部慢慢成形時,波峰之間的谷底形成的頸線

就是停損點，此時技術指標KD一定處於超買區且呈高檔鈍化
現象，MACD及DMI指標也呈多頭走勢，一旦追高就得隨時警
覺，若行情反轉跌破頸線時，再搭配KD、MACD或DMI指標確
立趨勢反轉向下，就得馬上做出停損動作，因為此時與原本作
多的預想是背道而馳的，所以須斷然承認錯估情勢，反手停損
殺出，以減少虧損，否則一旦下跌趨勢形成，就真的是一去不
回頭了。

　　為避免向下虧損的無底洞造成了難以彌補的憾事，其實
還可以採用如「**SAR指標**」（又稱停損點反向操作指標，見附
圖）來印證及參考，這個指標是直接以停損功能設計而成，當
其他任何價格型態，明顯轉空跌破主要支撐線時，就是停損的
設立點；作空時，反之亦然。

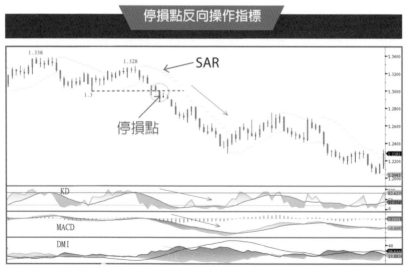

（資料來源：彭博社，台新銀行整理）

3. 移動平均成本法為停損點

　　以作多為例，若沿著10日均線以上進場後，一旦匯價收盤時跌破20日移動平均線，而且3日內皆未再返回，或20日移動平均線開始下彎時，便可考慮部分多頭部位停損，而若匯價跌破60日均線，且3日內皆未再返回，或60日均線為走平或下彎時，則考慮全部多頭部位做停損。

4. 重大利空停損點

　　當匯市遇到出乎意料的天災、政治、經濟等重大利空事件時，匯市呈現崩盤式跳空走勢下，只要當天有任何機會出脫多頭部位時，都應斷然毫不猶疑地全部賣出，因為該利空絕不會立即消弭。

　　停損真的是考驗人性，當各種指標都確定應該出場時，最後就看「心」能否服從，會不會在匯市中致富，心才是最重要的，也是執行力的決心問題，投資人千萬不能心存僥倖，或存婦人之仁，明明應該出場了，卻執迷不悟的話，那必然是要遭受無可預知的損失。所以，一旦設定停損點，就應該嚴守紀律，確實執行，體會少輸才會贏的真諦，才是後市致勝的訣竅。

火車理論，別搞錯了，
這可不是中途下車

從「避險貨幣」到集貨幣的光芒於一身，
投資人可得將投資獲利抱得緊緊的。

「**火車理論**」是從我們交易室老闆Johnny身上學到的，他說：「秉持著這個理論和信念，才能在花旗銀行及開發工銀的任職期間內，寫下匯市交易豐碩獲利的顯赫戰績。」火車理論意味著只要搭對車（跟上匯市趨勢），不達目的地，絕不輕言下車，將投資的獲利抱得緊緊的，不理會市場價格的起伏波動，不輕易獲利了結而被提前洗盤出去。但要怎樣才能有如此堅實的信心呢？看來除了須具備扎實及熟稔的技術分析技巧之外，更需要長年累月寶貴實戰經驗的累積。

如果把貨幣的價格走勢比喻為火車在行進的情況來看，不同的貨幣其火車的行進模式不同，如**美元**這列火車，有來自全球各地的旅客且移民最多，由於參與者眾，因此，這列車走起來可說是大鳴大放，自喻大國風範，途中雖常有大批旅客上上下下、絡繹不絕，但大都還能準時到達各個車站，在權威的車長掌舵下，車行方向倒從未出過任何差錯。因國內經濟的窘迫，美國政府玩起了寬鬆貨幣政策，屬意讓美元一路長貶，全球倒無任何人敢忤逆它，美元一如既往地朝向它既定的目的地前進。

　　歐元可不是這麼一回事。歐元就像是一列經常因罷工而停駛的火車，這火車還是一輛跨國行駛的拼裝車，不僅人多嘴雜，甚至還有吉普賽扒手混雜其中，除了手腳不乾淨外，有時還會做假的行車時刻表，旅客不是經常坐錯車，就是行駛到一半忽然就罷工不開車了，又得讓旅客趕緊下車想辦法換車去，投資歐元，折騰了老半天，不僅徒勞無功、浪費時間，更讓荷包縮水不少，搞得投資人是瞠目結舌。

　　日圓就像是一列井然有序的新幹線列車，為世界上行駛過程最平穩的列車之一，同時也創下全球列車班距最短的運行，尤其老百姓素質高，遵守紀律排隊上下車，絕對準時不誤點，難怪乎日圓享譽「避險貨幣」的盛名，只要全球有災難，資金轉往日圓避難準沒錯，你看從2008年的金融海嘯到2010年的歐債危機，甚至到2011年日本311大地震，都讓日圓一路上漲。

　　英鎊就像是一列紳士般的火車，旅客彬彬有禮，中規中矩，列車行進間的秩序特好，投資英鎊相對上來說是保守和穩健度不錯的標的，但自從英法海底隧道貫穿歐洲之星列車通行後，英鎊與歐元甫開始接軌，竟成了英鎊惡夢連連的開始，從此與歐元齊步起伏不定，受了歐元不少拖累。

　　說到**澳幣**，它就像一列裝滿貨物的火車，在這個牛羊比人多的國度裡，火車最大的效益，居然不是載運人，而是載運動物及原物料礦產，由於地廣人稀，要如何扛起這麼有份量的澳幣呢？當然就得靠外國投資者來參與，而外國資金可說是源源不絕、取之不盡，只要全球新興市場經濟持續蓬勃發展，未開發及開發中國家數目總和大於已開發國家數目的話，就代表了需求面成長旺盛；至於供給面方面，全球因原物料礦產逐漸

被開採，在面臨匱乏之餘，原物料價格一旦上漲，就不容易回頭；只要國際市場仍維持低利率的環境，熱錢閒置了一堆卻苦無追逐的標的，如今澳幣集原物料和高收益貨幣光芒於一身，自然吸引國際熱錢炒家的目光，澳幣想不漲也難。

澳幣這班列車就像拓荒者般，正朝向一望無際的寬廣大陸持續屯墾下去，至今仍然看不到盡頭，且車頭絲毫沒有任何要轉向回頭的跡象。

至於**人民幣**，它就像是行駛在還沒有完全鋪設好鐵軌的一列火車，乍看之下是驚險萬分。可說也奇怪，這列車不僅經常不準時，還從未明確告知目的地將往哪去？各個車站上還是有一堆旅客爭先恐後、插隊擠上這有限座位的列車，反正大家當區間車來搭乘，過沒幾站就要下車，管他目的地往哪兒？不過，這車票還真奇貨可居，有時候還得走後門靠關係才拿得到車票，或是買買黃牛票，才能上得了車，而且這列車經常走到一半就不走了，因為要讓領導的列車先行，只好停車禮讓，至於終點站會到哪？只有領導知道，老百姓也不會質問，乖乖地聽領導的話就沒錯。因此，投資人民幣要看長遠，短線領導控制住，既不會亂漲也休想有暴利，反正這列車太長了不容易因急轉彎失控，跟著領導的十二五計劃（2011至2015年）走就對，人民幣長期升值計劃經濟的路是不會改變的。

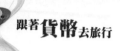

看海的日子

匯市的趨勢擺盪就像海浪，
長期趨勢是潮流，中期趨勢是浪濤，短期趨勢是漣漪。

　　台灣四面環海，只要趁閒暇之餘，總是會著了迷不自覺地開車老往海邊去，當然有時是小朋友的哀求，即使沒下水玩一下，在海邊散散步、吹吹海風也是非常愜意的事，看著一望無際的大海，尤其可以讓人心情放鬆、心靈放空，這個片刻只適合用眼睛看、用耳朵聽，好好地讓嘴巴休息一下。不知您是否也曾注意到海浪時而躁動、時而律動的起伏，始終後浪不斷地向前浪推進。

　　細心觀察，您一定可以發現如何觀察後續的波浪能否到達海灘上的最高點，以判定潮流的走向。如果，每一個後續的波浪比前一個波浪向陸地推進得更深，潮水的力量一次比一次大，那麼，表示潮流正處在漲潮的時段；反之，當每一個後續的波浪到達海灘上的最高點不斷跌落，且後浪較之前浪向陸地推進顯得愈來愈淺，潮水力量一次比一次小時，那麼就代表潮流已經開始轉向，正處於退潮時刻。換另一個角度來說，觀察匯市裡的價格波動，就如同海浪波動一般，也有漲跌潮的情況發生，技術分析中知名的「道氏理論」與「艾略特波浪理論」之發明，對照起海浪波動，不知讀者是否已悟出其中的道理？

　　匯市的趨勢擺盪就像海浪波動一般，依擺盪時間的長短區分為：長期的趨勢，即潮流；中期的趨勢，為浪濤；短期的趨勢，是漣漪。依擺盪力量的大小區分為：巨大地震引起的波浪，稱之為海嘯；強風引起的波浪，稱之為湧浪；微風吹拂的波浪，稱之為風浪。投資人要學習衝浪者，須御浪而行，才能全身而退，若逆浪而行，則會滅頂於茫茫大海之中。

　　一個匯市的觀察分析者，投資匯市就像海浪波動一樣，有既定頻率的週期性，一波接一波地循序漸進，不要太過於急躁，只要把資金及知識準備好，讓風險降到最低，永遠都有機會攀上致富的浪頭。

　　一天中，實際較大的海潮可能只維持幾個小時而已，而想像中的匯市潮流則可能持續好幾個月，甚至超過1年以上，所以通常投資匯市超過6個月以上的就叫長期。一般匯市浪潮來臨時，通常會有主要趨勢帶動出6個月以上、一整年期間的長期大行情；接下來便是次要趨勢，或稱中期趨勢，這些代表主要趨勢中的調整期，而且通常持續3個星期到3個月，這些中期調整通常會回撤至前面主要趨勢波長的三分之一至三分之二處，最常見的大約是前面波長的一半處；最後短期趨勢通常持續不到3個星期。因匯市變化瞬息萬變，建議每個月都需要檢定一下持有貨幣的損益表現，以作為往後交易決策的判斷依據，我這裡利用統計圖表，計算以下各主要貨幣近10年來每月漲跌幅狀態與幅度分配，以瞭解各貨幣過去歷史波動頻率的軌跡。

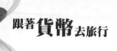

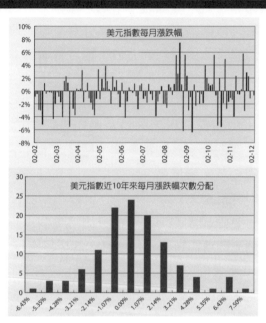

附註：美元指數，又稱美元貿易加權指數，是衡量美元在國際外匯市場匯
率變化的一項綜合指標，由美元對6個主要國際貨幣（所分別占的
權重為：歐元57.6%、日圓13.6%、英鎊11.9%、加拿大幣9.1%、瑞
典克朗4.2%和瑞士法郎3.6%）的匯率經過加權幾何平均數計算獲
得。

　　從上面的漲跌幅圖表中得知，美元指數近10年來，每月漲
跌幅次數情況為漲少跌多，連續漲跌通常不會超過5個月，也就
是波段行情以半年為限，每月漲跌幅度次數呈左偏常態分配，
每月漲跌幅度區間以2.1至-2.1%的次數居多，也就是當上個月美
元已經漲跌幅超過2.1至-2.1%以上時，投資人請切記：勿再追高
殺低了。

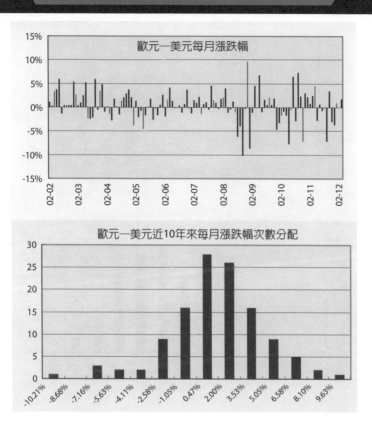

歐元─美元近10年來每月漲跌幅狀態與次數分配

從圖表中得知，歐元兌美元匯價近10年來，每月漲跌幅次數情況為漲多跌少，連續漲跌通常不會超過5至6個月，也就是波段行情以半年為限，每月漲跌幅度次數呈右偏的常態分配，每月漲跌幅度區間以3.5至-1%的次數居多，幅度為漲多跌少的特性，也就是當上個月歐元兌美元已經漲超過3.5%，或跌超過-1%以上的時候，就要慎防是否有變盤的可能。

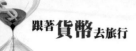

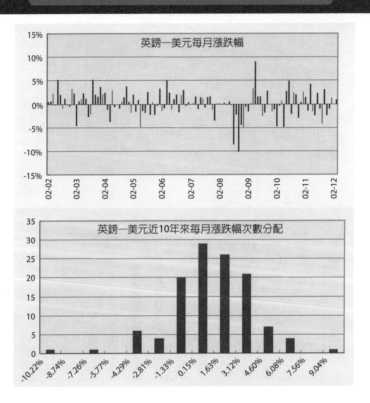

英鎊—美元近10年來每月漲跌幅狀態與次數分配

英鎊—美元每月漲跌幅

英鎊—美元近10年來每月漲跌幅次數分配

　　從圖表中得知，英鎊兌美元匯價近10年來，每月漲跌幅次數情況為漲多跌少，連續漲跌通常不會超過6個月，也就是波段行情以半年為限，每月漲跌幅度次數呈右偏的常態分配，每月漲跌幅度區間以3.1至-1.3%的次數為多，幅度為漲多跌少的特性，也就是當上個月英鎊兌美元已經漲超過3.1%，或跌超過-1.3%以上的時候，就要留意漲跌幅的滿足點，慎防回檔修正的可能。

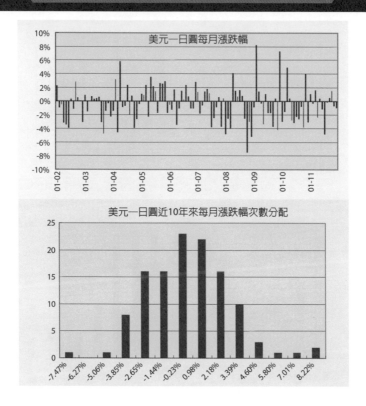

美元—日圓近10年來每月漲跌幅狀態與次數分配

從圖表中得知，美元兌日圓匯價近10年來，每月漲跌幅次數情況為漲少跌多，連續漲跌通常不會超過5至6個月，也就是波段行情以半年為限，每月漲跌幅度次數呈左偏常態分配，每月漲跌幅度區間以2.1至-2.7%的次數為多，日圓偏向升值的月份次數較多，且升值幅度亦較貶值時大些，也就是當上個月美元兌日圓已經漲跌幅超過2.1至-2.7%以上時，就不要再追高殺低了。

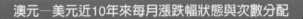

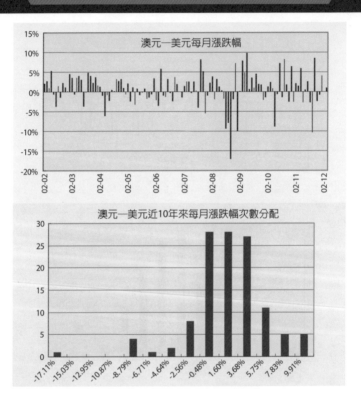

　　從圖表中得知，澳元兌美元匯價近10年來，每月漲跌幅次數情況為漲多跌少，連續上漲最長曾達9個月，連續下跌最長曾達5個月，為漲期較長、跌期較短的頻率，每月漲跌幅度次數呈大右偏常態分配，每月漲跌幅度區間以5.8至-0.5%的次數為多，充分顯示澳元易漲難跌的特性，當上個月澳元兌美元已經上漲超過5.8%，或下跌超過-0.5%以上時，就須慎防，切記不要再有追高殺低的動作了。

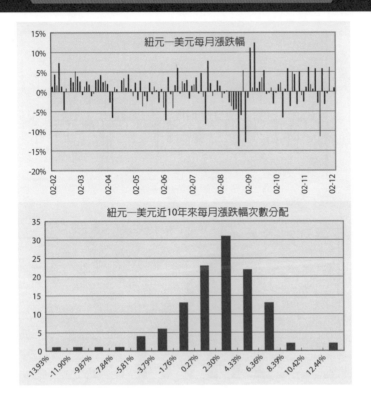

從圖表中得知，紐元兌美元匯價近10年來，每月漲跌幅次
數情況以上漲次數較多，連續漲跌通常不會超過6個月，波段行
情大致以半年為限，為漲期通常較跌期為長，每月漲跌幅度次
數呈現右偏常態分配，每月漲跌幅度區間以6.3至-1.7%的次數為
多，顯示紐元是屬於易漲難跌的特性，若當上個月紐元兌美元
已經上漲超過6.3%或，下跌超過-1.7%以上的時候，就建議不應
再追高殺低了。

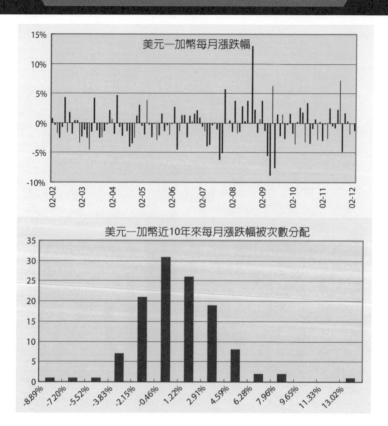

美元—加幣近10年來每月漲跌幅狀態與次數分配

美元—加幣每月漲跌幅

美元—加幣近10年來每月漲跌幅被次數分配

　　從圖表中得知，美元兌加幣匯價近10年來，每月漲跌次數以下跌的次數較多，連續下跌最長不超過9個月，每月漲跌幅度次數大致呈現常態分配，每月漲跌幅度區間以2.9至-2.2%的次數為多，這雖然顯示了加幣出現升值的月份次數較多，但升值幅度卻比貶值幅度來得小些，因此，當上個月美元兌加幣已經漲跌幅超過2.9至-2.2%以上時，就須留意會有逆轉變盤的可能。

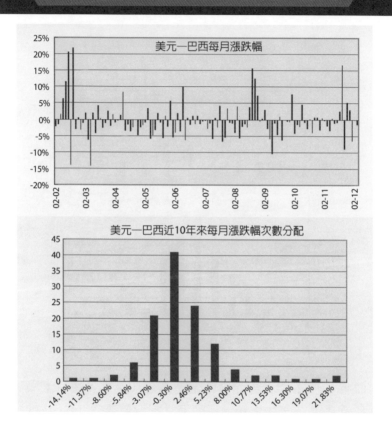

美元—巴西幣近10年來每月漲跌幅狀態與次數分配

從圖表中得知，美元兌巴西幣匯價近10年來，每月漲跌幅次數情況為漲少跌多，連續漲跌通常不會超過4個月，也就是波段行情大致以4個月為一週期，每月漲跌幅度次數大致呈常態分配，每月漲跌幅度區間以2.4至-3%的次數為多，巴西幣偏升值的月份次數較多且漲幅較大，也就是當上個月美元兌巴西幣已經漲跌幅超過2.4至-3%以上時，建議就不要再追高殺低了。

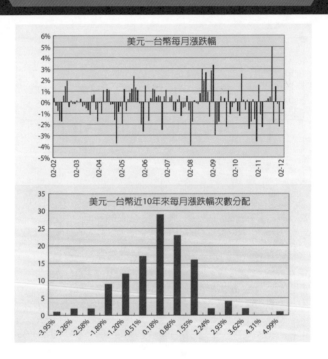

美元—台幣近10年來每月漲跌幅狀態與次數分配

從圖表中得知，美元兌台幣匯價近10年來，每月上漲次數較下跌次數略多一些，連續漲跌通常不會超過6個月，也就是波段行情以半年為限，每月漲跌幅度次數呈現左偏的常態分配，每月漲跌幅度區間以1.5至-1.2%的次數為多。此一走勢雖然顯示台幣出現升值的月份次數略多，且貶值幅度亦比升值幅度來得大些，令台幣具備易貶難升的特性，乍看之下像是有某種力量在抵抗台幣升值似的；因此，當美元兌台幣漲跌幅已經超過1.5至-1.2%以上時，就必須小心，恐怕會有物極必反的情況發生。

拋棄後悔，擁抱機會

投資最大的利器——正面思考，
具備了，沒有財政懸崖，處處是機會。

　　大家往往在投資匯市時，總覺得永遠晚了一步，經常不經意地嘆息說：早知道就先上車、早知道就趕緊下車，真是千金難買早知道，難道沒有比後悔更好的選擇嗎？

　　人非聖賢孰能無過，就連享譽國際的金融大鱷索羅斯（George Soros），都曾經在1987年的華爾街大崩盤中慘遭滑鐵盧，差一點一蹶不起，但他學會了擁抱錯誤、記取教訓，絕不再犯同樣的錯誤，1992年，索羅斯抓住時機，成功地狙擊英鎊，成就了一次石破天驚的彪功戰績，因而被《經濟學人》雜誌稱為「打垮了英格蘭銀行的人」。

　　從索羅斯身上看到的是，與其在跌倒的地方懊惱不已，不如擦乾眼淚，爬起來，檢討過失，看好下次東山再起的時機，想想這些成功人士所具備的特質——「正面思考」。相信大多數人都曾看過《2012》這部世界末日災難片，看完之後，如果您持悲觀心態，整天憂心忡忡，深怕世界毀滅之日來臨，提心吊膽過日子，那麼，您可能還需要進入投資心法的先修班再上一下課；若是您持樂觀心態積極地過每一天，一天當兩天用，深怕不夠用，那麼，恭喜您已經具備難能可貴的特質，叫做「正面思考」，從今以後不用再看勵志書了，直接準備好您的大網子，馬上進入投資市場的池子，伺機撈起肥沃的大魚吧！

　　舉個真實例子，2010年冬至我回故鄉金門祭祖，順道去了對岸廈門拜訪親友，正逢週末到著名景點鼓浪嶼遊玩，要搭渡輪時，光買船票的隊伍就大排長龍，好不容易購到票了，又得再排上冗長的隊伍才能擠上約每10分鐘一個班次（還算密集）的渡輪；靠岸時，渡輪的閘門一開，不得了就像千軍萬馬般的人潮傾巢而出，一眨眼就淹沒了鼓浪嶼的碼頭，這時我才著實見識到大陸人海戰術的恐怖威力。

　　在台灣住久的人，對這種人多的亂象說實在還真是不習慣，也每多會抱怨後悔當天去遊玩，破壞了興致，不過倒也從另一個角度探知務實的金門當地人，早在幾年前就已經預測到會有如今的榮景，而且這個繁榮還會持續走上好幾年，因此，很多年前部分眼光獨到的金門人紛紛在廈門置產，如今房價上漲了，有的一翻已經翻上好幾倍了，無怪乎廈門人不住的抱怨著：「都是金門人來炒高房價的。」我要說的是，如果我們看待一件事，都能持樂觀態度去正面思考的話，我們就可以處處見到機會，而不必變成一個不斷在抱怨的人。

　　俗話說得好：「人潮就是錢潮」，人多就能創造出更多的商機，當然，首要的條件是人民的平均所得要增長才有用，如此一來，消費力也才能展現出來，若人民均貧，則一切免談。所以，從投資貨幣的角度來看，一個國家若是能擁有雄厚的人口成長率（人口紅利）的話，那麼他的經濟將可望逐步攀升，諸如中國、南韓、巴西、印度等國（見附圖），其中以印度的人口紅利貢獻最久，2040年之後才會見到遞減的走勢，其次則是巴西的人口紅利，2030年之後才會遞減，而中國及南韓的人口紅利則至2015年以後，就會呈現遞減走勢，其他主要工業國自2010年之後都陸續已經開始出現遞減的現象。

各國可勞動人口占總人口比例未來預測圖

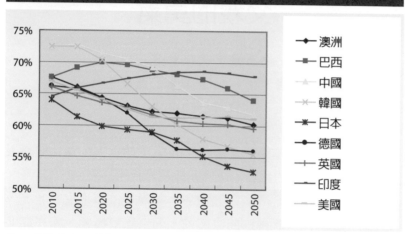

註：可勞動人口係指15至64歲。

（資料來源：World Bank Population Projections，台新投顧整理）

　　這些人口紅利遞增的國家，他們的國民平均所得亦呈現同步大幅成長，根據IMF於2011年公布的國民平均所得數據，南韓已快速躍升至全球排名第31的23,749美元，巴西為全球排名第53的12,917美元，中國為全球排名第90的5,184美元，印度為全球排名第135的1,527美元。有了人口紅利成長及國民平均所得擴增的雙重保證，投資這些國家的貨幣就是長期升值（至少到2015年）的最佳後盾。台語俗諺說得好：「只要樹頭顧乎穩，就不驚樹尾做風颱」，形容的就是要有基本面的護持，長期握有這些貨幣的投資者，心裡才不會受市場行情起伏而心慌慌。

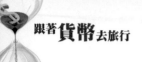

父親的勇氣

財富沒有天生命定，
就像未經挖掘，你不知道勇氣的深度有多深……

　　小學時，在課本讀到〈天黑了，爸爸捕魚去，為什麼還不回來？〉，有很深的感觸，彷彿就像在寫我的故事。

　　我小時候住在金門，四面環海，父親是依海維生的漁夫，有時候天候不佳或颱風即將來臨前，海邊風浪極大，家裡靠海很近，超大的海浪聲，嚇得我都非常擔心老爸的安危，因為我家的漁船不大，是艘僅供2到3人工作的近海小船，只要稍微大一點的海浪就有被吞噬的危險，因此，自小我就非常欽佩和敬仰父親的英勇。

　　有一次因為想學游泳，哀求老爸教一下，心想老爸應該超會游泳才對，不然他不小心落海時怎麼辦？該如何與大海搏鬥？沒想到老爸居然告訴我，他不會游泳，天啊！這是跟老天爺在開玩笑嗎？簡直是把自己的生命當兒戲！不會游泳居然敢當漁夫，老爸說：「會水母漂就夠了，因為，只要不溺斃就有機會活命。」自此，不得不佩服老爸的勇氣。

　　在當時困苦的年代，人們大都只求三餐能得到溫飽，貧瘠的外島缺乏資源，哪可能有教練和游泳池供人學習游泳。因此，只要有基本的求生技巧，為了養家活口只得憑藉著莽撞的勇氣下海討生活。心想我這16年來在茫茫的投資大海中打滾，

至今還未被淹沒，或許也是遺傳到父親不怕死、勇於挑戰的基因吧！

跟大家分享一則「渴死在海邊」的哲理小故事，故事是說一艘貨船因不明原因起火燃燒，船員紛紛跳海逃生。9位船員倖存地漂流到一座小荒島上，但接下來的情況，一樣得為求生拚搏。島上沒有任何動植物可以用來充飢，烈日當頭，每個人口渴難耐，老天也不下雨，環顧四周只有海水，大家皆認為海水又苦又鹹又澀，根本不可能用來喝。幾天過去了，船員們漸漸體力不支，這9位倖存者已經開始有人陸續死去，後來只剩下最後1名船員，這位船員受不了渴死的恐懼，不管三七二十一，拖著無力支撐的雙腳，艱難地爬到海邊，咕嚕地喝了些海水，他突然發現這海水並不是很鹹，相反他覺得這海水還有些甘甜。他以為應該是自己渴太久了，開始對海水產生了幻覺……，接著他不知不覺地就睡著了，等他一覺醒來時居然發現自己還活著，他非常的驚訝，這海水居然救了他，於是乎每天就靠著喝海水，一直撐到有船隻經過這荒島，最後終於得救。

後來發現這座荒島上有地下泉水不斷湧現，所以荒島周圍全是可以飲用的泉水，得救的這位船員知道這個資訊後，為死去的伙伴感到惋惜不已，心想為什麼沒有勇敢嘗試一下「海水」呢?! 這故事給了我們一個啟示，凡事不能總是聽天由命，要主動勇於多方嘗試，否則會讓舊思維蒙蔽了雙眼和智慧。

另一則小故事也很具啟發性，與讀者一同體會分享。話說某家公司的總經理突然發布一則公告給全體員工，上面寫著：「這幾天不允許員工到橋牌室去打橋牌」，並沒有解釋緣由。對於總經理的命令，公司上下員工早已習慣服從了，有好幾天

誰也不敢去橋牌室。有一天，一位叫小陳的員工就非常地不服氣，跑去問他的主管：「為什麼員工不能去橋牌室呢？」只見主管很嚴肅地回答：「不准就是不准，不要問為什麼。」小陳總覺得不合情理，其他同仁勸他：「你還是好好地幹活吧，別追根究底。」小陳覺得老總突然發布這個命令實在是不體恤員工，心想，老總只是「不允許員工到橋牌室去打橋牌，並沒有說不允許員工到橋牌室去午休呀！」

於是，某一天午休時刻，小陳偏偏還是進去橋牌室，說也奇怪橋牌室的門沒有上鎖，輕輕一推門就開了，這時小陳發現橋牌桌上有一封信，信封上面寫著：「見到此信者請將此信直接親自送到總經理那裡。」小陳覺得很奇怪，這時，他頓時感覺到擅自違抗老總的命令，這下歹誌大條了，不過事後他還是選擇了誠實，硬著頭皮拿著這封信前往總經理辦公室。當他將信封交到總經理手中的時候，總經理很高興地打開信封，拿出裡面的紙條讀起來：「公司準備從員工中提拔一位成為企劃部經理，誰拿到這封信，誰就有資格擔任企劃部經理的儲備位子。」小陳大感疑惑，不解地追問：「就只是因為我把這封信拿來給你？」總經理以充滿肯定的語氣對小陳說：「沒錯，相信你能勝任這個職位。」

儲備時期過後，小陳果然不負眾望，因擔任企劃部儲備經理的工作期間表現有聲有色，得到了企劃部經理的正式職位。事後，總經理在員工大會上解釋並鼓勵所有員工，他當時只是公告「不允許員工到橋牌室去打橋牌」，但並沒有說「不允許任何人去橋牌室休息」，小陳不為這框架所束縛，勇於走進故意設置的「假禁區」，這正是一個需要富有開拓精神的企劃者

所應具備的必要特質。

　　從以上這3則小故事當中，讓人領悟出那孤注一擲的勇氣，其實海水偶爾也會很香甜，許多成功的門只是虛掩著，只要我們勇敢地去推開它，大膽走進去，一定會發現成功的希望就在裡頭。投資匯市的情景，不正應該秉持這種態度，老是紙上談兵，光說不練是假把戲，唯有真正上場才是真功夫。

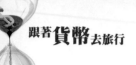

EQ勝過IQ

投資賺錢或虧錢，
不是市場面，也不是技術面，而是心理面，
戰勝心中的魔鬼，才是賺錢的不二法則。

在匯市投資的領域中，不僅僅是技術戰，更是心理戰，技術戰可以靠IQ反覆不斷練就一身好武藝，與市場其他投資人鬥智作戰，比的是誰的技術分析功力練得比較扎實，就能勝出賺到錢。但是，心理戰卻是與自己作戰，要想賺到錢EQ要好才行，首先就得先戰勝住在自己內心的這個主要敵人。最懂得技術分析的人是不是就一定能賺錢呢？答案當然是不一定，否則像我一樣出技術分析書的作者不就必然是最富有的贏家嗎！實際上，在投資市場中，我們經常發現，同一套匯市交易教戰守則，兩個不同的人按表操課交易下來，最終結果出爐，輸贏的結果往往是截然不同的。

為什麼在全面瞭解投資高手的交易秘訣之後，有人會賺、有人會虧？原因在哪裡呢？投資賺錢與否，全在於人與人之間的心態不同所決定，因此，投資賺錢或虧錢最核心的要素，不是市場面，也不是技術面，而是心理層面。因為，人的心理很容易被一些魔鬼所控制。這些魔鬼分別叫做懷疑、貪婪、恐懼、急躁、盲從、懶惰、驕傲、妒忌等等，長期暗藏在人的心中，它們會不時跑出來影響你的思維與執行力，它容易左右

你，讓你衝動、讓你胡思亂想、讓你行為失控，最終還會讓你後悔不已，只有把它驅逐出去或是禁錮起來，才能不讓它們出來荼毒我們的心智，因此，如何戰勝自己內心的魔鬼，才是最終賺錢的致勝關鍵，顯然控制EQ的重要性將遠勝於增長IQ的重要性。

其實，投資是一場心理戰，EQ不好的士兵較容易受傷甚至戰死，只有EQ好的士兵才能贏得戰爭，可以明確的說：「投資是自己與自己的戰爭，唯有能控制住自己的『心』，管好自己的『心』才是贏得戰爭的關鍵所在。」

一個人的專業知識、投資理念及交易技巧等條件固然重要，因為那是能否賺錢最起碼的基本條件，然而一個人的投資心理則是決勝負的基底，因為它是決定能夠大賺錢的關鍵。也就是說，在投資活動中，正確的投資理念和熟練的交易技巧只是贏錢的必要條件而非充分條件，良好的投資心理才是贏錢的決定因素。由於人的內心有太多的弱點，也住著太多的魔鬼，要對抗這些心魔，就要從找尋實戰的投資心理秘笈做起，找出人性的種種弱點並加以克服、找出人性的心理缺憾並加以填補、找出人性內心的合理需求並想辦法加以滿足。

世界上任何投資商品市場，舉凡匯市、股票、期指、債券、石油、黃金、房地產等金融商品交易全部都是一樣，都有它們自己的漲跌上下波動規律，每天接收財經媒體，建議價格下跌就是買點、逢低就可分批買進，逢高分批出脫，乍聽之下言之有理卻流於空泛，因為市場上的多數人根本不知道何謂高低的標準在哪？總認為這個可投資，那個也可投資，結果全世界市場繞了一大圈回來，真正能賺到很多錢的到底有多少人

呢？我認為，不是少數人僅獲利一點點，就是多數人以虧損居多。這問題就出在人性無法受到理智的控制。

人非機器人，一個指令一個動作，人有感情、有情緒、有視覺、有聽覺，容易受市場氣氛所感染，從而出現非理性的集體行為，即我們俗稱的「羊群效應」、「蝴蝶效應」，因為多數人會犯共同錯誤並不斷地重演。

由於大多數人總是不把價格高低點當一回事，常一廂情願地認為價格還會繼續再上或繼續向下，不是貿然進場、就是驚嚇出場，孰不知市場漲跌力量的消長？一味地見好會更好、見壞會更壞般地盲目去趨勢追擊，就算知道價格已經來到相對高低點，多數人又戰勝不了自己的心，那顆利欲薰心的心，只想賺更多錢的心，可是卻沒有駕馭自己的心的能耐，最後結局總是讓追高殺低的戲碼一再地上演。而人又是屬於好面子的動物，一旦投資虧損輸了大多不敢說話，甚至還要圓謊說自己賺了多少；想反地，只要投資有贏一點小錢就沾沾自喜誇耀不已，這就是典型的「掩耳盜鈴」心態。這也充分證明了，為什麼成功總是占少數人的緣故。

從金融心理學來解釋人們在投資市場行徑中，容易犯下錯誤的行為包括：

- **自負行為**：因過度高估自己可以做出正確決策的能力，導致容易忽略其他可能性的發生。
- **盲從行為**：不知不覺地發展出和市場投資人一樣的交易模式。
- **比較行為**：參考他人的決策行為，作為自己理解某些市場資訊的看法。

- 選擇性接觸：只試著讓自己去接觸那些可以支持自己行為辯護的資訊。
- 選擇性認知：錯誤地解讀資訊，使其看起來可以支持自己行為的駝鳥心態。

利用以上這5點要命的行為，趕快來檢定一下自己是否也同樣陷入如此的迷失，如果有的話，恐怕EQ的學分要重修了。

只要能完全遵照技術分析交易進出法則的紀律，絕大多數時間證明IQ決策是對的，雖然EQ讓您感受到市場的氣氛正火紅著，尤其當在大漲大跌的勢頭上時，不追可惜，能不能追呢？當然可以追，但必須要知道，這波段漲跌幅的前後上下走勢，到底已經上漲多少，而又下跌了多少？而且在這波漲跌消長的市場力量之間到底變化多少？市場預期心理又已經反映到多少程度？這些都知道了，其實就不用在意短線的「漲跌」程度，只有不把短線漲跌當做一回事，才能在金融投資的賭場中大贏一把，唯一的法寶就是要控制好自己EQ的情境，不許衝動，唯有贏過自己的心，才是投資市場致勝不二法則。所以，人類永遠探索不盡的事物有兩樣，一是我們頭上的天，二是我們自己的內心世界。

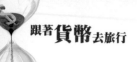

料羅灣的漁舟

是八字不合還是老卜錯卦，怎市場老跟自己作對，
偶爾跌倒在所難免，過熱的引擎要的是暫時的休息。

　　從近來最夯的NBA籃球明星林書豪身上學到：「NBA每一
球隊中皆有世界級的頂尖好手，也都擁有高超的籃球技術，球
隊之間技術的差距往往不會太大，哪一隊能勝出？競爭點只在
於哪隊犯錯次數較少，犯錯較少的球隊自然就是贏家。」投資
市場亦然，只要我們把犯錯的機率降低，自然投資回報率就能
夠上升。可是，有時候會事與願違，奇怪怎麼市場總是跟自己
作對，一方面完全遵循著交易法則在操作，一方面EQ也掌控得
蠻好的，但還是被市場掌了耳光，老是認賠虧損出場，這就叫
做「八字不合期」。

　　我們交易員若是碰到交易經常損龜時，決策及腳步的節奏
呈現混亂、荒腔走板，此時主管便會要求您「停牌」，暫時停
止交易一段時間，才不至於讓不斷投資虧損的部位像雪球般愈
滾愈大，建議您此時去放個長假好好休息一番，最好出國暫時
不要接觸到市場，冷卻一下焦躁不安的情緒，好讓自己的心情
完全沉澱、獲得平撫。就像在球場上頻頻犯規或表現失常的球
員一樣，這時教練便會把你換下來在板凳上休息，調整一下慌
亂的腳步，等心情與體力重新獲得舒緩及調整後再上場。

　　有一則小故事還蠻有啟示的，我們一同來欣賞。話說小陳
搬到一個全新落成的社區，熱心公益的他，滿懷熱忱地想為這

個社區奉獻，決定參加該社區管理委員會主委的競選，初選時順利當選了樓委，於是乎信心大增，開始挖空心思廣發傳單給各住戶宣傳自己，積極準備最後的拉票。可惜最後的選舉小陳失敗了，心情沮喪到了極點，整天無精打采，足不出戶，連管理委員會開會也不見蹤影，感覺整個社區住戶都對他非常不友善似的。

一天，隔壁戶的朱爺爺，一個退休的物理老師，將小陳請到家裡喝茶，什麼也沒說，倒上一杯熱水，又倒上一杯冷水，笑著問小陳：「現在是冬天，如果我把它們拿到室外，你說哪一個杯子裡的水先凍上？」小陳不假思索地說：「肯定是冷水先凍上了！」朱爺爺一笑，說：「好，那咱們試一試。」他把兩杯水拿到了窗外。過了一會兒，朱爺爺叫小陳一起來到窗前，令小陳驚訝的是，熱水已經凍上了，可那杯冷水還沒有，小陳驚訝無語。朱爺爺笑了笑，對他說：「一顆燥熱的心就如同這杯熱水一樣，在遭遇寒流的時候，更容易被凍結。」

接著，朱爺爺又拿出一顆冷凍蘋果，切下兩塊，一塊放在熱水杯裡，一塊放進冷水杯裡，然後問小陳：「你說，哪一個杯子裡的蘋果先解凍？」小陳猶豫了一下，深怕又答錯，過了一會兒，才小心翼翼地說：「應該是熱水杯裡的蘋果先解凍吧?!」可結果又令小陳吃了一驚，泡在冷水的蘋果雖然表面包著一層薄冰，但整塊蘋果卻是軟軟的，已經解凍了。而泡在熱水的蘋果，雖然表層是軟軟的，但它的內部則仍是硬邦邦的，沒有解凍。於是乎，小陳又是啞口無言，朱爺爺對他說：「一顆冰冷的心如這塊冷凍的蘋果，當它被燥熱的水所浸泡的時候，解凍是漫長的，不如先給它降降溫，那麼冷凍就會很快地解開來。」

　　此時的小陳，馬上領悟到朱爺爺的用心良苦，於是，小陳便用一顆冷靜的心去思考，仔細地檢討，發現自己確實離競選主委的實力還差一大截，因為當選的主委是當地的地主，早在私底下已經運作拉攏了絕大多數住戶的選票，儘管小陳再怎麼努力與地主相競爭也是以卵擊石，他應該是雖敗猶榮，而不是住戶不肯定他的付出，從此他開始收起懊悔，重新恢復他熱衷對社區各項活動的貢獻心力。

　　這則小品帶給我們的啟發是，不要忘記當初對於投資匯市的期盼──追求最大報酬的初衷，投資的道路不會永遠順遂的，難免會崎嶇不平，偶爾跌倒也在所難免，何足掛齒，這只不過是讓自己熾熱的心可以降降溫，不然的話，引擎永遠處於過熱當中，車子早晚是要掛的。於是，每當投資熾熱的心被虧損的寒冷所凍結時，要讓心先冷靜下來，那麼這凍結的心很快就得以解開來了。

　　從這則小故事不由得也讓我回想起，每當我在投資匯市操作不順時，一定會逼自己要放個長假休息一下，尤其是回到我那溫馨、寧靜的金門故鄉，我小時候的舊家就在金湯公園旁，往下望去就是料羅灣，腦中迴盪著中學時所讀的楊牧散文集──《料羅灣的漁舟》，文中是這樣寫著：

> 「在烈日下，它平靜而神秘。我在吉普車上看到它如貓咪的眼，如銅鏡，如神話，如時間的奧秘。我看到料羅灣的漁舟，定定地泊在海面上……」

在舊家裡，可以聽到岸邊海浪不斷拍打的聲音，高聳的樹幹隨著海風吹拂，微微的擺動，有如輕輕奏著沙沙美麗動聽的音樂，門前綠蔭掩映間是一片金色的沙灘與蔚藍的海天，門後是太武山，它威武聳立著，這畫面是難以言喻的美麗與寧靜，每回回到這裡，總讓人心情徹底的解放。

遠離繁榮塵囂的台北城市，回到前線戰地的金門鄉下，這曾經阿兵哥比老百姓還多的漁都，樹林比房子還高的鄉村，四面環海有如狗骨牌般的孤島，記憶著國軍難得能打贏共軍的輝煌戰史。如今，兩岸和平共處，金門撤軍，在路上遇到的阿兵哥已是寥寥無幾，沒有軍人的繁榮地方，金門開始顯得落寞，甚至可以用淒涼來形容街道的情景。而回顧40年前，對岸的廈門是一片貧瘠的農田，如今30至40層的高樓大廈到處鄰立，反觀金門由於受到軍管的影響，40年來建設停滯不前，依舊是古老的三合院閩南瓦屋，牆上還殘留著八二三砲戰時的彈痕，為什麼跟書上所寫的民主與共產主義生活方式如此截然不同呢？到底是誰騙了誰？如今再談起，真是不勝唏噓呀！也或許在如此命運的捉弄下，才逼著我們不得已往台灣移民，求發展、求受教育，但凡事一體兩面，金門卻得以繼續保有著純樸與潔淨，走在兩旁高聳木麻黃的筆直柏油路上，甚少能看見車輛，更何況是人影，清新的氣息少了車馬喧囂的雜亂味道，這種空曠及寧靜的情境，留給了詩人與畫家美好的著作素材。這也是為什麼我心裡一煩躁不安時，總是想著趕緊飛回家鄉，去尋求那一段能讓心靈沉澱的美好時光，去聽那老人家在耳旁不停的呼喚，孩子累了吧！趕快回來休息充電一下。

GBPRUR

HF

USDZAR

CADJPY

EURSGD

AUDCAD

NZD

CHFPLN

U

1.33354

75.764

1.4398

009

5.764

41.609

5

雙元貨幣——
聰明玩，聰明賺

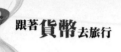

承作外幣，一步步來

開好你的外幣存款戶頭，
定存、基金、買賣換匯……匯率價差看透透。

　　生活中一定會遇到需要用外幣做交易的時候。小到去亞馬遜網路書店買東西，或是到國外網站去標購商品，甚至是一般出國旅遊換個500到1,000美元的小額零用金使用，或大到買進口車、海外留學金，更甚者有海外置產等等；另外，企業的海外進料或是出貨到國外等等也都牽扯到外幣交易，所以外幣交易與我們的生活息息相關，人們都免不了要面對匯率波動的問題。首先，對一般民眾到銀行承作外幣的基本步驟及認知，做個初步的介紹：

到銀行開戶

　　目前只要是國內所有的外匯指定銀行，不管是本國銀行或外商銀行，都可以提供民眾承作外幣存款業務的服務，所以建議民眾選定銀行開立外幣戶頭的同時，也順便開立台幣戶頭，以方便後續將台幣換匯為外幣，且在同一家銀行的台幣帳戶換匯是不用收取其他的手續費。

　　另外，為方便未來外幣投資需求，不妨同時開立網路銀行交易功能，畢竟外幣的匯率及利率是隨時變動的，藉由網路銀

行便可隨時進行換匯及外幣定存選擇天期等交易，就不用再花時間去分行做臨櫃交易，且有些銀行為鼓勵客戶使用自動化設備交易，甚至會比臨櫃交易所給予客戶的匯率要來得優渥，但須注意要在外匯交易營業時間內於網銀上做交易才會成功。

進行換匯

一旦開立外幣帳戶後即可將台幣換匯至選定的外幣，而在換匯前建議先瞭解銀行外幣匯率掛牌價，銀行的外匯牌告上可看到各幣別出現「買入／賣出」與「即期／現鈔」等四個欄位，其代表的意思分別為：

■ **買入／賣出**：此時要請大家以銀行的角度來看，舉個例子來說，若銀行的美金「買入」價為29.525，即代表銀行要用台幣29.525元跟民眾買入1美元；反之「賣出」價為29.625，即代表銀行要用台幣29.625元向民眾賣出1美元。其中間的價差即是銀行與民眾交易時所獲取的收益。

■ **即期／現鈔**：簡單來說若民眾直接換匯且直接存入帳戶而不存領現鈔，則該筆換匯交易是以即期匯率價格來交易；反之，若此筆換匯交易是需要存提現鈔，則是以現鈔匯率價格來交易。即期／現鈔的匯率不同主要是因為它的成本不同，畢竟銀行的外幣現鈔要從國外買進運回台灣，其中有運費、保費等其他成本，若現鈔賣不出去，存放在銀行金庫亦將產生閒置成本，所以，現鈔的匯率價格比即期匯率價格來得差。

　　除了先前提到的利用網路銀行自動化交易可獲取換匯價格優惠外，部分銀行也會針對銀行的理財客戶給予換匯價格優惠。

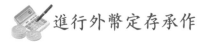
進行外幣定存承作

定存的大額議價優惠評估

　　有外幣存款帳戶後接下來就可進行定存的承作了，其實外幣存款和一般的台幣存款是相類似的，除了存款標的是外幣以外，其他原理皆與台幣存款一致，皆為存戶將一筆錢存入銀行，而銀行會支付一定的利率給存戶，同時銀行會給與存戶一張憑證或列印於存摺明細中，作為入存的憑證依據。而除了一般掛牌不同天期的外幣定存利率之外，銀行針對一般自然人承作等值10萬美金的大額外幣定存，亦會給予議價的優惠利率。

承作外幣定存前的研究

　　其實外幣存款如同股票、基金等投資產品，是需要稍做功課的，在承作前建議可以先由下列幾點做起：

- 瞭解銀行可承作的幣別：要注意！銀行並非所有外幣皆能提供承作，有些幣別只提供現鈔換匯不提供定存承作，如人民幣；有些幣別只提供即期換匯，無法進行現鈔交易，如南非幣。但民眾進行投資的幣別，只要不是太冷門的雜幣，銀行皆有提供承作，畢竟太冷門的雜幣，它的匯、利率波動度相對上也較高，不建議初次進行外幣投資者承作。

分類	代表性貨幣	特性
G7貨幣	美元、歐元、英鎊、澳幣、紐幣、日圓、瑞士法郎	G7工業國家貨幣，交易最為熱絡
商品貨幣	澳幣、紐幣、加幣、南非蘭德	原物料產品為這些國家主要出口，貨幣走勢受原物料漲跌影響
高利率貨幣	澳幣、紐幣、歐元、英鎊	利率水準較高的貨幣
低利率貨幣	日圓、瑞士法郎、台幣	利率水準較低的貨幣
避險貨幣	瑞士法郎、美元、日圓、黃金	市場風險意識增高時，資金流往這些貨幣
出口導向貨幣	台幣、韓圜、坡幣、人民幣（大部分亞洲貨幣都可歸屬於此）	以出口為主要經濟成長動力來源的國家貨幣

■ 瞭解銀行可承作幣別的國家主要優勢產業及政經情勢變化：進行投資前須隨時注意匯市專家預估的趨勢，及該幣別國家的政經情勢分析，畢竟經濟成長力道長期看好且政治穩定的國家，其幣別之匯、利率才能隨之看升。但是，外幣定存承作後亦須設立一停損點，一旦該承作貨幣之國家發生重大利空事故的時候，若該幣別匯率急轉直下並觸碰到停損點者，則應考慮提前解約定存或到期不續做。

以下為市場常見之主要銀行可承作貨幣的分類及特性：

- 可以聽聽多家銀行的建議：每家銀行對外幣投資皆會有自己的house view，因此，建議民眾亦可聽聽各銀行專家給予的幣別投資之建議，並且不要忘了，在貨比三家後選定銀行共同推薦的幣別再進行投資，也是一個值得推薦的好方法。

- 銀行的優利定存也是不錯的參考：銀行推動外幣優利定存除了有主要交易型貨幣外，亦會針對匯、利率可能長期看好的幣別，再加上專案利率相對優於一般牌告利率，因此也是一項可以考慮的選擇；而承作專案定存前，務必先瞭解各專案的承作條件是符合自己所要的預期後再去承作，否則一旦作下去期間都很長，若中途解約，利息都必須被打折。

外幣定存到期後或中途解約的處置方法

把外幣存款當作投資理財商品時，雖然建議採長期投資，持有至到期日為主，但這樣的方式也不是一成不變，可分別做如下的處置：

- 到期續做：若承作之該筆外幣定存的幣別，仍是長期看好者，或為先前定存即持有者，期間若充分掌握該國政經情勢為穩定發展的情形下，建議可將到期的定存進行續存。

- 轉承作其他強勢貨幣：若承作之該幣別轉為長期不再看好，此時建議直接轉投資其他較為強勢的貨幣上，但不建議將定存到期的幣別先轉為台幣後再轉換為其他幣別，因為在每一次的換匯過程中，都將因買、賣價的差異，使口袋增加匯損。

- **中途解約**：外幣定期存款到期前中途解約者，會損失部分利息收入，未存滿1個月者不計息，超過1個月以上者，按實存期間之存款利率8折計息，並於解約時將該存款全部一次結清，外幣定存提前解約是不需要付手續費，但可能每家銀行規定不盡相同，還是得跟原承作銀行確認。

初次承作外幣投資時的小撇步

- **多幣別投資會比單幣別投資來得穩定**：既名為外幣「投資」，就代表著它仍是有風險的產品，而風險在於「匯率」的變化，當然若採取多幣別投資就可以降低單一幣別投資所產生的匯率風險。
- **初次承作者以半年期定存先試試水溫**：對於初步投資外幣定存者，我不建議將定存天期做得太短或拉得太長，因為天期太短的定存利率將比長天期定存的報酬率，相對低許多，而定存天期愈長者匯率變動風險也會相對提升，因此選擇半年期左右的定存較可取得報酬與風險的平衡。
- **定存承作前先算算利率與匯率可帶來的報酬**：舉一個簡單的例子來說，陳先生手上有台幣10萬元，計劃承作澳幣6個月期定存，可先以目前的匯、利率計算此筆定存在匯率不變下，可獲得多少本金＋利息收益，再與承作台幣6個月定存進行比較，比比看是否符合預期收益。

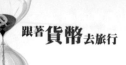

幣別	台幣本金	匯率(買價)	匯率(賣價)	六個月期定存利率	定存到期本利和（台幣）	計算方式
澳幣	$100,000	30.54	30.84	3.25%	$100,636	=100,000×30.54×〔1+(3.25%×6/12)〕÷30.84

（以台新銀行2012／3／30牌告匯率及利率為例）

幣別	台幣本金	六個月期定存利率	定存到期本利和	計算方式
台幣	$100,000	1.09%	$100,545	=100,000×〔1+(1.09%×6/12)〕

（以台新銀行2012／3／30牌告匯率及利率為例）

　　上述把台幣兌換至澳幣做6個月定存的例子中，因到期再結算轉回台幣戶頭，使得帳面上因買、賣價的差異，產生匯兌損傷，而和原先留在台幣定存上的投資相較下來，並沒有較大、較明顯吸引人的報酬誘因。因此，建議澳幣定存到期時，當匯價並沒有比當初匯出時有賺頭、或有匯損的話，應繼續保留在澳幣帳戶中，可續做定存或活存，等下次定存到期或匯率大漲時，有獲利後再換兌回台幣戶頭，如此一來，做來回的區間匯兌操作，將會有不錯的獲利。

　　下面舉一個2011年間澳幣兌台幣來回的區間，匯兌操作實際獲利的例子。年初時，由於我看好澳幣的未來走勢，於是當澳幣兌台幣在銀行牌告匯率賣價低於30以下時，便用台幣買入澳幣，並作7日或1個月的短期定存，等到澳幣兌台幣在銀行牌告匯率買價於31以上時，即賣出澳幣轉回台幣，等到下次再碰到澳幣兌台幣在30以下再依樣畫葫蘆，來回在30至31元之間，

設立價差1元約3.3%報酬率的方式進行區間操作，一整年下來居然可以輕鬆來回承作達7次之多，不計算帳戶的存款利息，光匯兌收益就有高達2成之多，主因是澳幣與台幣都屬於非美貨幣的亞太貨幣同類群，基本上長期走勢應該會大致相同，只是短線上會因不同價差而波動，所以中長期較會呈現區間振盪走勢，投資人不妨可留意此種區間操作的方法。萬一匯價高檔套住了，就當作是外幣資產配置的一部分，以分散未來台幣資產貶值的風險，更何況澳幣利息收入都比台幣高出許多，長放也無妨。

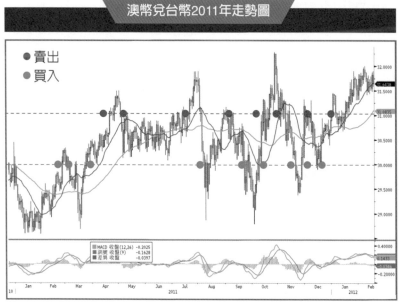

（資料來源：彭博社，台新銀行整理）

雙元貨幣，時間差的利潤

「外幣本金」VS.「外匯選擇權」的投資工具，
「保息不保本」VS.「保本不保息」的商品。

　　雙元貨幣（Dual Currency Deposit, DCD），是一項牽涉到兩種外幣的外匯組合式商品，屬於結構性商品的一種，為一種結合「外幣本金」與「外匯選擇權」的投資工具。投資人藉由出售選擇權所得到的權利金，可增加本產品的收益率，在不辦理提前解約的前提下，使得本商品有可能賺取優於一般定存之收益。由於主管機關認為「雙元貨幣不是存款（Deposit）的一種」，因此，有一些銀行把雙元貨幣稱做DCI（Dual Currency Investment）。一般分成兩種型式的外匯組合式商品——加值型（Yield-Enhanced）及保本型（Principal-Guaranteed）。

 加值型組合商品

【加值型公式】
基本結構＝外幣定存＋賣出選擇權（賣出本金的買權）
報酬＝外幣定存利率＋權利金（收益年率化）

　　因賣出選擇權有權利金（Premium）收益，再將此權利金收益年率化，加上原先外幣定存利率，得出一個新的報酬率，

此報酬率就是雙元貨幣的報價。然而，因賣出選擇權，在未來有可能被履行（Exercised），原存入本金將依原先約定的匯率（履約匯率）被轉換成另一種約定的貨幣。當被轉換成的約定貨幣貶值時，將造成本金的損失；反之，升值時，則本金將有資本利得。因此，此加值型雙元貨幣是一種「保息不保本」的商品。

下面是操作範例：

【投資人承作加值型外幣組合式商品範例】

❖ 交易條件

> 投資本金＝100,000美元
> 承作幣別＝澳幣／美元
> 投資天期＝30天
> 投資時匯率＝即期匯率1.065，到期履約匯率1.05
> 美金存款利率＝0.8%（年息）
> 賣出選擇權權利金收入＝1,000美元

❖ 情境一　到期若澳幣／美元升值來到1.07

> 年化總收益率＝本金存款收益率＋選擇權權利金（年化）
> ＝0.8%＋（1,000÷100,000）×（360÷30）
> ＝0.8%＋12%
> ＝12.8%
> 投資收益＝100,000×12.8%×（30÷360）＝1,066.67美元

❖ 情境二　到期若澳幣／美元貶值來到1.03

依履約匯率換為澳幣＝（100,000＋1,066.67）÷1.05
＝96,253.97澳幣
依目前1.03計算原美元價值＝96,253.97×1.03＝99,141.59美元
投資損失＝100,000－99,141.59＝858.41美元
損失率＝858.41÷100,000＝0.86%

（損失不應該以年化來計算）

 ## 保本型組合商品

【保本型公式】
基本結構＝外幣定存＋買入選擇權
報酬＝（外幣定存利息－權利金）　　　（收益年率化）
　　　＋選擇權執行收益　　　　　　　（收益年率化）

　　買入選擇權必須支付權利金，而權利金的費用來自外幣定存的利息，因而會減低定存的收益；不過，因為買入選擇權使得未來有機會執行並賺入一筆收益，但此收益將視連結匯率的走勢而定，之後再將此預期的收益年率化，得出一個新的預期報酬率，這個預期報酬率就是雙元貨幣的報價，但此報酬率亦可能因為連結匯率的走勢而不利投資人，致最終報酬率不如預期。因買入選擇權，所以風險已經鎖定；然而，因為未來報酬有不確定性，還是得視買入的選擇權有無執行而定，若有執行則可獲取一筆報酬；反之，則無報酬。因此，保本型雙元貨幣是一種「保本不保息」的商品。

【投資人承作保本型外幣組合式商品範例】

❖ 交易條件

天期＝30天
投資本金＝USD 100,000
美金存款利率＝0.8%（年息）
買入選擇權權利金支出＝USD 50
若有到期執行收益＝USD 200

❖ 總收益

總收益率＝（本金存款利息－權利金支出）（收益年率化）
　　　　＋選擇權執行收益（收益年率化）
　　　＝〔100,000×0.8%×（30÷360）－50〕÷〔100,000
　　　　×（360÷30）〕＋〔（200÷100,000）
　　　　×（360÷30）〕
　　　＝0.20%＋2.4%
　　　＝2.6%

　　由於，美元存款利率不高，利息收入不足以支付買入選擇權所需的權利金，所以市場少有保本型雙元貨幣，而大多以加值型雙元貨幣的商品為主。

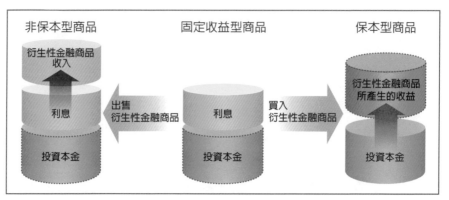

非保本型商品	固定收益型商品	保本型商品

（資料來源：台新銀行提供）

 什麼是雙元貨幣

簡單來說，雙元貨幣是一種相當類似外幣定存的金融商品，大部分的情況下，投資此種商品的年報酬率都會高於一般的外幣定存商品，尤其是針對利率較低的貨幣，利差的優勢就更加明顯。但是透過這樣的商品結構，投資人也必須擔負起本金到期後被轉換為弱勢貨幣，或到期時可能會領不到利息的風險，因此，投資人必須根據自己的外幣資產配置，妥善運用此種投資工具。

 投資雙元貨幣必須知道的專有名詞

雙元貨幣有幾項專有名詞是投資人必須瞭解的：

■ **承作期間**：一般有一週、兩週、一個月、兩個月等短期為主。

- **履約匯率**：指相對貨幣的支撐價或是預期換匯的價格，可自行決定。
- **比價日**：是否換匯與否是以比價日為觀察基準。
- **到期日**：資金回到活存帳目上的日子。

可承作的主要貨幣有：USD（美元）、EUR（歐元）、AUD（澳幣）、NZD（紐幣）、GBP（英鎊）、CAD（加幣）、JPY（日圓）、CHF（瑞士法郎）、ZAR（南非蘭特）等；還可以選擇交叉貨幣來對作，如EUR／GBP、AUD/NZD等。

 雙元貨幣的優勢

- **投資門檻不高**：適合一般投資人承作（依金管會現行規範，一般投資人單筆最少投資金額須2萬美金以上）。
- **屬於短期理財工具**：投資期間短，資金運用效率高。商品存續期間多低於1個月期，匯率波動風險可降低，投資人較易持有至到期，通常較無提前解約的需求。
- **可彈性選擇投資標的**：依投資人本身貨幣需求或對於匯率走勢之看法，彈性選擇歐元、美元、日圓等不同外幣作為投資標的，隨時可投資。
- **作業簡便且成本較低**：投資人若對匯率研判有誤時，僅需由投資人於外幣綜合存款帳戶進行外幣間換匯，作業成本及交割風險較低。一般銀行外匯買賣大家都知道有所謂匯率買入與賣出的價差，無法用中價去做買賣，而雙元貨幣的幣別轉換是用中價去做換匯，這一點對投資人相對有利。

■ **規避手上持有貨幣貶值的風險**：例如持有美元的投資人擔心未來美國經濟前景不明朗，有貶值的風險時，適時利用承作雙元貨幣，可量身訂作適合自己的避險工具，以規避掉手上持有的貨幣貶值，造成資產縮水的狀況。

■ **量身訂作**：投資人可適度調整風險與報酬結構，履約匯率及選擇權架構易於調整，可適度配合投資人屬性，依投資人對於風險之承擔能力，及外幣需求特性，選擇最有效率的投資組合，追求優於一般外幣定存之投資收益的機會。

■ **外匯價格透明度高**：全球匯市交易量龐大，不易出現人為操控、內線，或有做價情況發生。

■ **流動性較佳**：市場交易量大，流通性佳，有提前解約需求時，成本相對較低。

■ **標的物風險較低**：投資標的多數為主要國家貨幣，國家債信破產機率較小，外匯波動率也較其他投資標的物為低。

■ **避免投資組合過於集中**：投資單一貨幣時，投資人如因外匯走勢研判錯誤，投資本金就有轉換成其他外幣的可能，以目前國人外幣資產多集中在某單一外幣，本金被轉換成其他外幣時，投資人恰可趁機分散持有外幣，避免因過度集中持有，一旦該特定國家經濟發生巨變時，就會蒙受非系統性風險。

雙元貨幣的缺點

- **加值型雙元貨幣**：投資人總是被轉換到弱勢貨幣，也就是獲利有限，但匯率風險卻是無限，最大損失是原始本金化為零，也就是持有外幣從地球上消失。

- **保本型雙元貨幣**：低利率的金融環境下，利息收入常不足以支付買入選擇權，以致於不易設計出100%的保本商品。一般而言，若匯市走區間行情的話，買入選擇權較不易獲得執行收益，投資人可能較無法接受此類商品。

- **流動性風險**：若結合的是新奇外幣選擇權，除買入、賣出價差大外，交易對手也不易尋找。一般而言，長天期的投資不得部分解約，而短天期的則不得中途解約，投資人需於投資期滿後方可取回本金及收益，若中途解約，投資人可能須支付高額手續費用。

- **不受存款限額保險保障**：在台灣，非屬中央存款保險公司之存款保險範圍，不受存款限額保險保障，且投資人需承擔承作銀行之信用風險。

- **稅務問題**：在台灣，雙元貨幣承作到期日於2010年1月1日以後之交易，資本利得皆以分離課稅方式計算之（見附表）。個人或營利事業與銀行從事結構型商品交易，交易完結日在2010年1月1日以後者，其應扣繳所得之計算，應於交易完結時（指契約提前解約或到期結算），以契約期間產生之收入減除成本及必要費用後之餘額為所得額，按納稅義務人所適用之扣繳率扣繳稅款。

結構型商品所得扣繳率標準表		
所得人	中華民國境內居住之個人，或在中華民國境內有固定營業場所之營利事業。	非中華民國境內居住之個人，或在中華民國境內無固定營業場所之營利事業。
個人	扣繳10%稅款，採分離課稅，無需再申報於綜合所得稅。	扣繳15%稅款。
營利事業	預先扣繳10%稅款，所得併入營利事業所得額結算申報，已扣繳者可提證明於申報時扣除之。	◎有營業代理人者：預先扣繳15%稅款，所得併入營利事業所得額自行結算申報。 ◎無營業代理人者：預先扣繳15%稅款。

（台灣自2010年1月1日起施行）

　　以上介紹雙元貨幣的一些投資基本概念給大家參考，但**不要忘記投資的前提是「資產配置」**，當規劃好一筆錢是用做投資用途時，風險應該就先被控制住了，而不是本末倒置；外幣計價的商品眾多，如能好好運用雙元貨幣，再搭配其他投資型商品，利用多元化幣別來分散風險，相信對於投資人的利得效益將能顯著提升，也能更早達到我們的財務目標！

輕鬆入袋，
理財與生活相得益彰

謹慎投資、分批逢低承接的雙元貨幣，
可創造更高時間價值的投資商品。

　　雙元貨幣存款雖名為存款，但並不一定具備保本的特性，
因為產品到期時，有可能被轉換到另一個相對的弱勢貨幣，所
以，並不適合所有的投資人，尤其是對國際匯市毫無概念及涉
獵經驗的投資人。那麼，誰適合承作雙元貨幣呢？

　　最適合承作雙元貨幣的是對於承作之相對貨幣在未來資金
方面有需求者，如投資人與日本往來經商密切，對於未來有支
付款項的應付帳款，又如日圓之空頭部位需於未來買入交割，
且轉換的履約匯率優於遠期匯率和即期匯率者，最適合考慮此
類產品；或者是未來有計劃辦理移民，或打算送小孩到加拿
大、澳洲、紐西蘭等地唸書，將來會有加幣、澳幣或紐幣需求
者；另外，投資人與歐洲或英國經商，甚至儲備小孩未來至歐
洲或英國所需之留學金，乃至於旅遊金等等，也就是未來對歐
元或英鎊有需求者，都是適合操作雙元貨幣的投資人。

　　投資人一旦承作雙元貨幣，他的本金到期會被轉換到他
本來就有需要的外幣上，這些族群的投資人相對比較不會有投
資損失的挫折感，反而會比當時去追高匯價時所換到的匯率便

宜，而且還可以採取分批逢低承接的方式，順道賺取優於原先未兌換前外幣定存的收益率，可說在匯率及利率上皆能雙雙得利！

另外，雙元貨幣亦適合對外匯交易較有看法或獨到見解之投資人，也就是能夠獨立判斷匯率走勢多空與否、具備匯市操作能力，且願意承擔盈虧自負者。不管如何，投資人應謹慎評估雙元貨幣商品是否適合自己，若是屬於保守型投資人，則不適合此類投資；因為，**雙元貨幣不具備充分市場流動性，可能無法提前贖回，或者提前贖回將產生損失**，想操作雙元貨幣，投資人最好是用閒置的資金去投資。

 【舉例說明】長期看好澳幣走勢者

若投資人由於外幣資產大多以持有美金部位居多，長期看好澳幣走勢，想要看到澳幣拉回到合理價位時，並有意願分批從美金資產轉換至澳幣存款帳戶，可惜又因工作關係無法每天盯住澳幣走勢，惟看到近期澳幣持續上漲至1.07美元，短線漲幅過大不想盲目去追高，想等到澳幣若拉回到月線約1.05美元時，再買進澳幣，這時候投資人可以有兩種做法：

1. 繼續把美元放在活期或7天期定存（年報酬率0.15%），等到澳幣有拉回到月線約1.05美元再去銀行換匯至澳幣帳戶，如果沒有拉回的話，就只好看著澳幣繼續上漲，而只能慢慢等待澳幣何時回落的時候……。

2. 先把美元做短天期雙元貨幣（年化報酬率約5％至10％），履約匯率設在1.05美元，如果澳幣評價日沒有

回到1.05美元以下，那麼，將可以獲得雙元貨幣的獲利約5%至10%，在等待過程兌換的時間內，就可比原先存在美元定存獲取更佳的報酬率；若澳幣於比價日比價時跌至1.05美元以下，就會自動以1.05美元轉換成澳幣，並取得雙元貨幣約5%至10%的獲利率，接下來，澳幣戶頭就得承擔匯價漲跌的風險，但前提是一旦投資人本來就有意願等待澳幣回檔時，再逢低把美元資產分散至澳幣資產作長期資產配置的打算，因為用1.05美元換到的澳幣，遠比原先用1.07美元去兌換要好許多，因此，這類投資人比較感受不到匯價跌價的風險。

總之，投資雙元貨幣有兩大好處：首先，不用每天盯著匯率看盤，就有機會換到心目中認為較便宜的匯率；其次，投資雙元貨幣，可創造更高的時間價值，節省等待換匯的時間，還可拿到比定存更高的收益，投資人可以省時、省力又能賺到利息，真是一魚三吃，一邊理財、一邊又能兼顧生活與工作，錢財自然輕鬆入袋。

買賣雙元貨幣，
要先學會趨吉避凶

決勝負的關鍵——投資時點的選擇，
先搞清楚你買的是什麼商品。

　　投資雙元貨幣前宜事先向銀行釐清產品的架構，包括保本與否、收益率多寡、連結及轉換的幣別、承作的期間等等，任何投資都應該自行先做足功課，以及衡量自身對風險的接受程度。以投資「加值型」雙元貨幣來說，如美元跟澳幣對作，因為要加上一個賣出本金的買權（這裡本金指的是美元），首先要對匯率走勢有較明確的判斷能力，會承作者即是設定了選擇對作之相對貨幣（指澳幣）後市強勢，若澳幣的走勢與原來預期南轅北轍，這時你的本金（指美元）可以轉成以相對的弱勢貨幣（指澳幣），而這相對弱勢的澳幣恰巧可以補足投資人所欠缺的外幣資產布局的一塊，或是該貨幣未來有支付（如經商、置產、留學等）的資金需求，如此可幫助投資人逢凶化吉，減低轉換到弱勢貨幣的風險。

　　再來，投資雙元貨幣的決勝負關鍵，就在投資時點的選擇，承作雙元貨幣較適合的投資時機為外匯市場呈現區間盤整的格局，若是匯率正在走單向多頭或是空頭趨勢時，則不建議作為承作雙元貨幣的時機。例如2008年的金融海嘯之後，國際資金避險美元，美元可說是鹹魚大翻身，投資人當時若以美

元作為本金來投資雙元貨幣的話，免不了被轉成相對弱勢的貨幣（如澳幣），而後市一直澳幣跌、美元漲，一時之間換不回美元，如果投資人本身又沒有澳幣的需求的話，恐慌之餘，深怕澳幣續跌深不見底，難免會產生匯兌上的損失。此時若以先前被換成的澳幣再次投資雙元貨幣來對作美元（期待未來強勢），就會有不同的結果。

在這裡要說明一下，在金融大海嘯逐漸平息之後，澳幣止跌回升，若先前手中有澳幣而投資雙元貨幣來對作美元的話，則又會被轉成相對弱勢的美元。此後，在澳幣一路走升的情形下，雖然美元本金不再被轉換，但即使這段期間已累積了較高的利息收入，拿來與最原始的投資金額相較，美元本金也許早已出現損失了。因此，在預期外匯市場未來將呈現區間盤整的格局，而又想保有原始外幣本金的話，那麼，操作雙元貨幣將較有機會賺取匯差和利息的空間。

投資人可能也會問，那日圓兌美元也常在盤整呀？雖然日圓2011年大多時間呈現區間盤整，但日圓兌美元於2012年初相對在歷史高檔，且對日圓長期看貶不看升，一旦美元被轉成日圓時，易被套牢；另一方面，因日圓存款幾無利息可言，也就是說，日圓若非長期走升格局，將不利於長期持有；因此，除非投資人對日圓有支付的需求，筆者是不建議操作日圓的。

究竟美元兌何種貨幣較常呈現區間盤整呢？投資人不妨可以留意瑞士法郎，因為瑞士央行經常會調控瑞士法郎兌美元或歐元在一定區間內波動，即使美元被轉成瑞士法郎，但在不久時間內可望再度換回美元的機率皆很高，值得把瑞士法郎納入選擇連結標的口袋名單之中。

　　若投資人手邊握有澳幣或歐元本金，卻又不希望被轉換至其他貨幣，只是想暫時停泊於雙元貨幣中，賺取優於定存的利息收入而已，我會建議可以考慮用交叉貨幣來承作雙元貨幣，交叉貨幣就是兩種貨幣組合中不包括美元，而且儘量找兩種貨幣升貶值趨勢同方向者，譬如AUD／NZD（澳幣／紐幣）、EUR／GBP（歐元／英鎊）等，但此類交叉貨幣匯率波動相對來得小，可收取到的權利金也較少，相對也就無法給予較好的收益率。

　　所謂羊毛出在羊身上，要風險小不被兌換到另一個貨幣，當然就不會有較佳的報酬率，若是承作期間天期愈短，或者是履約匯率愈遠，當然本金也比較不易被轉換，同樣道理，要享受到安全也就不會有好的收益率。不過，因人而異嘛！這未嘗不也是一種提供給本金較不願被轉換之投資人的另一種策略。

　　一般市場上，雙元貨幣所連結的外幣分別以澳幣、紐幣、歐元兌美元，以及美元兌南非幣、日圓等匯價居多。在目前外匯行情下，持有美元的投資人，究竟該投資哪種貨幣組合的雙元貨幣呢？如2012年第一季時，歐元、英鎊等幣別兌換美元，出現大幅反彈，而澳幣、紐幣、加幣和南非幣等商品貨幣兌美元，亦出現大幅走升，上述的這些貨幣都因為短線呈現高檔震盪，故較不適合再選為連結的標的，因為這些貨幣一旦回落或美元翻強時，則美元本金被轉換的風險就會相形提高。不過，因為商品貨幣長期趨勢可望持續上漲，若等到商品貨幣回檔至月季線附近，見支撐的話，就是承作雙元貨幣去連結商品貨幣的良好時機，這是投資人可以多加注意的。

另外的選擇

　　其實，雙元貨幣所連結的相對貨幣不僅僅只是我們熟知的交易貨幣，更可以擴及到「黃金」。一般所謂雙元貨幣組合商品要先選兩個外幣，例如目前美元走弱，多數客戶都會以美元作為「基準貨幣」；另外再選擇一個強勢貨幣，作為「相對貨幣」；而目前有些銀行已經開始提供「黃金」作為相對貨幣（如台新銀行、花旗銀行等）。假設投資人選擇「美元、黃金」對作，並假設在某個時間點，不管黃金每盎司是否達到1,500美元就進行轉換；幸運的是，假設黃金在該時點一舉漲破1,500美元，投資人便可拿回美元、利息和權利金的收入；而若黃金跌破1,500美元，投資人就可用每盎司1,500美元購入黃金。不過，台灣金管會近來發布了新規定，一般投資人承作連結黃金的衍生性商品，承作期間不得超過6個月，交易門檻更大幅提高須5萬美元以上才行。

　　另外，為避免市場匯率波動過大，增加一般「加值型」雙元貨幣被轉換到弱勢貨幣的風險，目前銀行也衍生出「保值型」雙元貨幣商品，保證投資人期滿時至少可領回7成本金，與一般傳統型雙元貨幣可能大賺或大賠的情形相較，將風險控制在可承受的範圍內，應可作為投資人另一項足供參考的理財工具。

　　保值型雙元貨幣為何得以具備本金保值7成的設定？主因是該金融商品為了降低風險，只好再多了個買入選擇權，但也因須支付多的權利金，所以承作成本相對就增加了，在條件相同下，保值型雙元貨幣的投資報酬率當然會略低於一般傳統型。也就是說，以70%保值型雙元貨幣為例，它與一般傳統型

雙元貨幣最大差異在於，當投資後遇到匯率大幅波動，商品到期後，若基準貨幣（投資本金）太強勢致使投資人：(1) 本金轉換為弱勢貨幣，且幅度遠大於當初設定的承作匯率；(2) 轉換損失達30%以上，這時投資人到期將可領回一開始的本金幣別的70%，收益部分則以原幣支付給投資人，換算的結果是，投資人最高的風險只可能賠上3成的本金。

 【舉例說明】以70%保值型雙元貨幣為例

甲客戶持有美元（USD）100,000元，想換成澳幣（AUD），同時願意等待一段時間，以較便宜的價格換匯，此時可建議承作70%保值型雙元貨幣，若即期匯率為1.06，約定1個月期履約匯率為1.035，預計1個月可獲得7%年收益，約計583.33美元，下面是計算說明（以台新銀行於2011年5月提供的商品為例）：

情況一：到期比價AUD-USD未跌到1.035，客戶拿回本金　　　　與收益USD 100,583.33元（稅前）

情況二：到期比價AUD-USD跌到1.035以下，客戶以1.035　　　　價位換到AUD 97,181.96元（稅前）

情況三：到期比價AUD-USD跌到0.7245（約當1.035x0.7）　　　　以下時，客戶可取回原投資金額的70%＋應得收　　　　益，共USD 70,583.33元（稅前）

計算結果＝100,000x70%＋583.33
　　　　＝70,583.33

小心通膨小偷捲走你的資產，分散風險吧！

保守、穩健、積極的資產配置手法，
三分天下，屹立不搖。

　　假設您想用100萬元開一家小吃店來賺錢，天氣熱時賣冰銷路好比較容易賺錢，天氣冷時賣火鍋銷路好比較容易賺錢，但當天氣經常忽冷忽熱又拿捏不準時，那該怎麼辦呢？這時候開家複合式餐飲店最好，既賣冰、也賣火鍋，那麼不管天氣怎麼冷熱變化都不怕沒有客人，皆可以賺到錢，這就是最基本的風險分散概念，也是俗話說的「不要把所有雞蛋放在同一個籃子裡」，用這句話對照我們自己戶頭裡的貨幣存款資產，未嘗不是該採取的同樣策略。

　　投資人死守著台幣存款而不知變通，一旦台幣趨貶且長期處於低利率的情勢時，若再加上類似這幾年物價不斷飆漲的情形，少少的存款利息追不上物價膨脹的腳步，等於說自己整體的貨幣存款資產，正處於逐漸縮水當中，代表自己的台幣存款部位自動兌現了貶值的損失。就像漏水的馬桶一樣，在不知不覺中白白折損日漸昂貴的水費，可惡的通膨小偷，已悄悄地自您的荷包，偷走您辛苦賺來的汗水錢。因此，不是手邊沒有握有外幣，就不代表不會遭受到匯率風險的襲擊，因為一味死守著台幣的四行倉庫，終有一天會淪陷在通膨手中，財產通通沒

收充公。根據一般投資機構的統計結果，基本而言，只要投資人做好正確的資產配置，那麼他的長期投資就足可掌握9成的勝算。

總風險相同時，相對上可獲得最高之預期報酬率

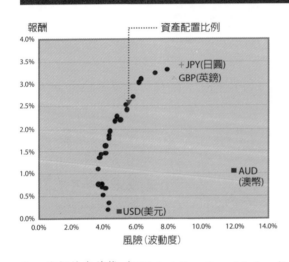

報酬
資產配置比例

+ JPY(日圓)
GBP(英鎊)

■ AUD
(澳幣)

■USD(美元)

風險(波動度)

JPY(日圓)
30%

USD(美元)
30%

AUD(澳幣)
10%

GBP(英鎊)
30%

註：這個效率前緣（Efficient Frontier，Markowitz所提出）理論，簡單來說就是建議投資人，在投資上一定要考慮到風險與報酬。每一筆投資都會有不同的風險點，而每一個風險點一定會有一個投資組合，可以達到最大投資報酬率，將這些不同風險點所達到最高報酬率，組合連成一條曲線就是效率前緣線。上面所為投資人做的這條線是根據過去5年期間的統計資料，由圖可以看出，台幣若全部投資於美金資產，報酬率最低，若全部投資澳幣資產，風險最高。也就是說，唯有幣別分散才是自然避險的良方。

（資料來源：台新銀行提供）

　　貨幣資產配置的最主要目的，並不在追求貨幣資產報酬的極大化，而是在如何降低投資風險，並在個人可忍受的風險範圍內，追求穩定的報酬。因此，如何評估個人風險承受度、審慎瞭解各種貨幣資產投資的風險、長期且連續的投資計劃、定期檢討貨幣資產配置比例調整等，都是在做貨幣資產配置時應該考慮的因素。

　　或許「貨幣資產配置」聽起來有些老梗，不過，一般投資人大多僅懂得將整體投資部位，包含股票、債券、基金、保險、定存等資產加以分散風險，而不考慮幣別，唯海外的投資型商品大多以美元計價，也就是說，投資人忽略了應該把所有投資商品，包括持有的存款等全部資產，依不同的幣別型態分類，並依據自身的風險承受度，調整手上不同幣別的持有比率，也就是利用持有多元化貨幣，進行資產組合的自然避險。

　　國人通常僅會持有以美元與台幣計價的資產為主，這是值得換個角度思考一番的。實際上，我建議投資組合裡一旦有一些投資型商品以美元計價，且又無法更改計價幣別的話，除了保有一定比例的台幣存款之外，至少應該還要有歐系貨幣及商品貨幣等非美貨幣，作為資產分散風險，資產的配置就像鼎一樣，要同時具備3隻腳，才能鼎足而立、屹立不搖。（見第**207**頁附圖）

> 簡單的貨幣配置可藉由匯差及利息收益，獲得不錯的收益！

　　以台幣兌換美元匯率為例，2011年8至10月，台幣由28.7元迅速回貶至30.7元，匯差在短短的2個月內貶了2元，達7%

左右，此時，若能準確先做好幣別配置的話，除了有利息收益外，亦可獲得較佳的匯差收益。另一方面，一個完整的投資組合將包含國內外投資型產品，全球投資市場很多產品都是以美元或其他外幣計價，建議投資人可適時預先將資金換成外幣，若選擇以外幣定存作為資金存放的工具，不但可獲取較活存為高的利息，也能在對的時機即時參與匯率市場賺取匯差。

對於貨幣走勢沒有研究的一般民眾該如何進行貨幣配置呢？這裡建議可以從全球金融市場的主要交易貨幣，以及存款利率較高的貨幣著手，以下是美元、歐元、澳元及紐元四種幣別匯率之歷史特性分析重點：

- **美元、歐元：**以目前美元、歐元兌換台幣的匯率來看，如2011整年當中美元、歐元相對弱勢，台幣升值將不利台灣出口，而歐、美地區為台灣主要出口地，為提升出口競爭力刺激出口，台幣兌換美金及歐元匯率經常出現升少貶多的情況，每半年台幣皆有逆轉為貶的可能，若能趁台幣升值時將台幣兌換為美元及歐元進行貨幣配置調整，再於台幣反轉貶值時賣出，即有匯差獲利之空間。

- **澳元、紐元：**澳、紐兩國向來為原物料的出口大國，從歷史資料來看，原物料價格走升相對也會提升兩國的幣別匯率，而在油價不斷推升下，未來市場預估原物料價格將有逐步走揚的情況，兩幣別的匯率也將同步走升，再加上兩幣別因歐債危機過後已修正許多，故此時亦可逐步進行短期貨幣轉換配置。但因商品貨幣通常匯率波動性較大，具備敢漲敢跌的特性，持有期間不宜太長，儘量不要超過6個月，建議應適時來回做波段操作為主。

　　至於要如何設定台幣、美元與非美貨幣等這三大幣別配置的比重，當然要因人而異。假設投資人手上有10萬元台幣的現金部位，可到任何一家網路銀行的網頁去檢測一下自己所屬的風險等級，在經過投資風險屬性承受度測驗結果之後，一般投資人可承擔風險等級大致可區分為：保守型、穩健型、積極型等三種不同類型，這時會建議以不同比例的貨幣資產配置作組合：

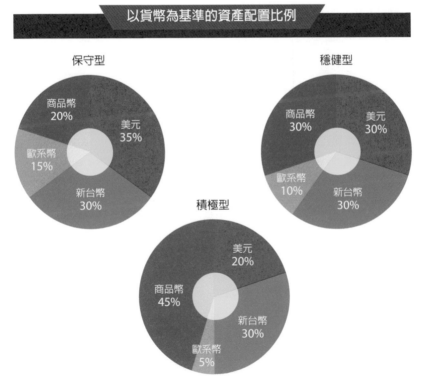

註：依保守型、穩健型、積極型等不同風險屬性投資人所做的貨幣基準資產配置圖。

（資料來源：台新銀行提供）

給保守型投資人的建議

對於保守型投資人，我的建議是把手中3萬元（總資產10萬×30%）保留下來以台幣方式持有，用來支應日常生活所需，剩下7萬元以外幣資產方式持有，各分一半為美元與非美貨幣，以達到外幣資產完全自然避險。其中，美元以等值台幣35,000元（10萬×35%）持有，另外一半的外幣資產則以非美貨幣方式持有，而因2012年預期原物料行情看漲下，可能走強的商品貨幣（泛指澳、紐、加、南非等貨幣，首選澳幣），以等值台幣20,000元（10萬×20%）持有，剩下的因歐債問題持續看弱的歐系貨幣（泛指歐元、英鎊等貨幣，首選英鎊），則以等值台幣15,000元（10萬×15%）持有。

給穩健型投資人的建議

若是屬於穩健型投資人，仍然是保留台幣以總資產的30%持有作為日常生活支出，據2012年的市場預測，在未來3年美國仍處於寬鬆貨幣的階段，美元仍可能居於長期弱勢，故不看好的美元可降低至持有總資產的30%，歐系貨幣亦降低至總資產的10%，商品貨幣則提高至總資產的30%，穩健型投資人完全適合採取美元、台幣及商品貨幣等三分天下的作法，剩下1成則留給歐系貨幣（這裡建議應以英鎊較為適宜）。

給積極型投資人的建議

若是屬於積極型投資人，仍然是以持有台幣占總資產的30%作為日常所需，而可能居於長期弱勢的美元則持續降低至總資產的20%，歐系貨幣亦降低至僅總資產的5%，商品貨幣則可大幅提高持有，可占總資產的45%。

因積極型投資人具有冒險犯難的精神，故可給予總資產近5成的占比放在風險貨幣身上，以承擔風險來獲取較高報酬的回報。

 外匯市場常用專有名詞及交易術語

外匯市場是全球交易量最大的單一市場，由外匯銀行、外匯經紀商、其他外匯買賣中間業者，及外匯供需者所組合而成的市場。外匯市場是指不同貨幣之間的交易或兌換的市場，在全球普遍被稱之為Forex或FX。它並沒有中央交易及結算所負責配對的訂單，是一個分散式的場外交易市場，是利用電訊工具，如電話、路透社交易系統（REUTERS DEALING 3000）或網路銀行等來交易，故外匯市場只是一個抽象的名詞而已。

由於沒有中央交易所，交易商與交易商之間的競爭阻止了壟斷市場的定價策略，在外匯市場中有很多的經紀去聯合買家和賣家，每一位經紀都有能力和權力去獨立履行交易，這無疑會間接令外匯市場更具競爭力。因此在同一時間，不同市場的匯率若出現差距，交易者將可透過低買高賣來套匯，套匯行為將使彼此間匯率差距瞬間消失。此外，交易幣別也相當集中化，美元、歐元、英鎊及日圓四種幣別交易量之合計，約占所有幣別交易量的79%，而交易幣別集中於少數關鍵貨幣之主因，在於這些關鍵貨幣具備國際媒介貨幣功能。

近年來科技發達，訊息傳遞快速無比，各地銀行均可藉著先進的電訊設備立即連線處理外匯交易，在世界各地任何時間都有外匯交易在進行。外匯交易的最佳時段，是外匯市場流動性最高的時候，也是美國和歐洲、或亞洲和歐洲兩地的銀行都

有營業的時候，換句話說，是在歐洲和美國、或歐洲和亞洲外匯交易時段有重疊的時候，如附表。

全球主要外匯市場時間表		
外匯市場	開市時間	收市時間
雪梨	7:00 a.m.	3:00 p.m.
東京 香港、新加坡	8:00 a.m. 9:00 a.m.	2:30 p.m. 4:00 p.m.
法蘭克福	2:30 p.m.	0:30 a.m.
倫敦	3:30 p.m.	1:30 a.m.
紐約	8:20 p.m.	4:00 a.m.

註：本表所列時間為台灣時間。

在國際外匯市場上，匯率顯示的價格共有5位數字，匯率價格的最後一數，稱之為基本點（point），也稱為pip或tick，如美金兌日圓為101.45中的0.01、歐元兌美金為1.3487中的0.0001，這些皆是匯率變動的最小基本單位。例如美元兌日圓從101.50變為101.00，稱美元兌日圓下跌了50點（pips）；歐元兌美金從1.3500變為1.3400，稱歐元兌美金下跌了100點（pips）。而匯價的前三碼市場通稱之為大碼（Big Figure），以USD／JPY 101.45為例，大碼即為101。

國際貨幣的代號通常是用三個在SWIFT（Society for Worldwide Interbank Financial Telecommunications）系統中的英文字母作為識別碼（參見附表）：

貨幣名稱	美元	英鎊	日圓	歐元	澳幣	紐西蘭幣	加拿大幣
貨幣代號	USD	GBP	JPY	EUR	AUD	NZD	CAD
貨幣名稱	台幣	人民幣	港幣	新加坡	瑞典克朗	南非蘭特	瑞士法郎
貨幣代號	TWD	CNY	HKD	SGD	SEK	ZAR	CHF

6

換上贏家的腦袋——
跟著變有錢

贏家一：有獨立思考的思維

人云亦云，容易賠錢！
歐元真會一文不值?! 你確定要瞎忙一場嗎！

聰明的贏家絕對不會人云亦云、聞雞起舞，或是與羊群一起忙進忙出，瞎忙著白忙一場，如何當個流言終結者？我就舉幾個讀者常見的例子來印證：

 日圓3月有作帳行情？

由於日本的會計年度是3月制的，所以每年一到3月時，市場就會出現偏愛賭日圓會上漲，紛紛作多日圓的投資人，但試想外匯交易是零和遊戲，一旦10個人當中，有8個人都這樣認為時，您覺得日圓還會漲嗎？答案當然是否定的。不信的話，我們可以從彭博社去搜集過去5年來日圓匯價的漲跌幅度資料就可以得知。

以美元兌日圓的附圖可得出，其實在2007至2011年間，每年到了3月時，美元兌日圓匯價上漲機率反而高於下跌的機率，也就是表示這5年來，平均3月時日圓不是升值，反而呈現貶值0.7%的現象（即美元有+0.7%的漲幅）。

美元兌日圓各個月份匯價漲跌幅度

	Jan	Feb	Mar	Apr	May	Jun	Jul	Aug	Sep	Oct	Nov	Dec
平均(每月變動%)	-1.2	0.5	0.7	0.7	-0.5	-0.3	-2.2	-1.2	-1.5	-1.7	-1.5	-0.2
2011	1.1	-0.3	1.7	-2.3	0.4	-1.2	-4.7	-0.1	0.5	1.5	-0.7	-0.9
2010	-2.9	-1.5	5.1	0.4	-2.7	-3.1	-2.2	-2.6	-0.8	-3.7	4.1	-3.0
2009	-0.8	8.6	1.4	-0.3	-3.3	1.1	-1.7	-1.7	-3.7	0.4	-4.1	7.6
2008	-4.7	-2.5	-3.9	4.2	1.5	0.7	1.6	0.8	-2.5	-7.2	-3.0	-5.1
2007	1.4	-1.8	-0.6	1.4	1.8	1.2	-3.7	-2.4	-0.8	0.6	-3.6	0.4

註：資料中的3月平均變動0.7%，表示美元兌日圓匯價漲0.7%，也就是說
日圓兌美元貶值了0.7%。

（資料來源：彭博社，數據期間：2007至2011年）

亞洲貨幣有元月效應行情？

　　一般媒體訊息常會出現所謂的元月效應行情，一般都會以
每年股市都會開紅盤，且國際熱錢會在年初湧入，所以亞洲貨
幣會有不錯的漲幅出現？但是，真的是這樣子嗎？如果市場人
人都希望每年趁元月時尬一腳、趁機大賺一把，然後認為亞洲
股匯市會呈現齊漲行情的心態來看，這元月效應行情的結果往
往是投資人兩手空空，鎩羽而歸。

　　在這裡我同樣以彭博社的資料為例，搜集過去5年來亞洲貨
幣：韓圜、新加坡幣、台幣匯價漲跌幅度的數據（見附圖），
以2007至2011年期間所公布的數據資料可以看出，5年平均下
來，每年元月時，韓圜反而貶值2.5%、新加坡幣貶值0.8%，台

幣也僅微升0.1%而已，這個數據再次證明了：只要市場都有共識的時候，通常行情都是逆著走，反而不會實現所謂的效應行情。

有趣的是，每年到12月的時候，亞洲貨幣都會出現年底的作帳行情，主因是亞洲國家大多從事代工出口貿易，份量比重大，使得每年經常有不錯的大額貿易順差。因此，每年到12月年底作帳時，出口商都將面臨拋匯的需求，使得匯價普遍下跌，這表示亞洲貨幣每到年底時皆較容易呈現升值，但別忘了，亞洲各國政府都希望繼續享有出口的優勢，使得各國央行皆會進場干預匯市，阻升該國貨幣；不過，通常也不會在12月份市場賣美元壓力最大的時候去承接，因為這不僅不易拉抬匯價，反而容易浪費子彈，反而不如讓年底匯價偏低時，墊高外資元月初熱錢匯入的成本，央行等到元月末再進場阻升該國貨幣，拉抬匯價，讓炒短線的國際熱錢獲利了結匯出受到損傷，這是為什麼元月亞洲貨幣反而會逆向貶值的主要原因之一。

美元兌韓圜各個月份匯價漲跌幅度

	Jan	Feb	Mar	Apr	May	Jun	Jul	Aug	Sep	Oct	Nov	Dec
平均(每月變動%)	2.5	2.0	-2.0	-2.0	1.7	0.8	0.8	2.8	1.3	1.1	3.1	-2.9
2011	-0.4	0.5	-2.2	-2.9	0.8	-0.9	-0.9	1.2	11.0	-5.8	2.3	1.7
2010	0.4	-0.7	-1.9	-1.8	8.3	2.2	2.2	1.2	-4.9	-1.5	3.2	-2.8
2009	10.6	10.1	-10.8	-5.6	-2.8	1.4	1.4	2.2	-5.9	0.6	-1.7	-0.4
2008	0.7	-0.0	5.2	1.2	2.5	1.9	1.9	7.6	9.0	13.5	9.1	-14.3
2007	1.2	0.1	-0.2	-1.1	-0.2	-0.5	-0.5	2.0	-2.5	-1.4	2.6	1.2

註：資料中的元月平均變動2.5%，表示美元兌韓圜匯價漲2.5%，也就是說韓圜兌美元貶值了2.5%。

美元兌新加坡幣各個月份匯價漲跌幅度

	Jan	Feb	Mar	Apr	May	Jun	Jul	Aug	Sep	Oct	Nov	Dec
平均(每月變動%)	0.8	-0.1	-1.0	-1.8	0.3	-0.0	-1.1	0.8	0.4	-1.1	1.0	-1.2
2011	-0.3	-0.6	-0.9	-2.9	0.7	-0.4	-2.0	0.0	8.5	-4.0	2.1	1.2
2010	0.2	-0.1	-0.5	-2.0	2.1	0.0	-2.8	0.0	-2.9	-1.7	2.0	-2.8
2009	5.4	2.4	-1.6	-2.7	-2.5	0.0	-0.6	0.0	-2.2	-0.6	-1.2	1.5
2008	-1.6	-1.5	-1.4	-1.4	0.5	-0.2	0.6	3.5	1.4	3.4	1.9	-5.3
2007	0.1	-0.5	-0.7	0.2	0.6	0.0	-0.9	0.0	-2.6	-2.6	0.1	-0.6

註：資料中的元月平均變動0.8%，表示美元兌新加坡幣匯價漲0.8%，也就是說新加坡幣兌美元貶值了0.8%。

美元兌台幣各個月份匯價漲跌幅度

	Jan	Feb	Mar	Apr	May	Jun	Jul	Aug	Sep	Oct	Nov	Dec
平均（每月變動%）	-0.1	0.3	-1.3	-1.0	-0.0	-0.1	0.1	0.9	0.2	-0.1	0.2	-0.6
2011	-3.5	1.5	-1.1	-2.2	0.0	0.1	0.3	0.4	5.1	-1.9	1.4	-0.2
2010	-0.1	0.3	-0.8	-1.3	2.6	0.2	-0.7	0.2	-2.4	-1.7	0.2	-1.6
2009	2.9	3.4	-3.0	-2.0	-1.8	0.5	0.0	0.3	-2.2	1.0	-1.1	-0.5
2008	-0.8	-3.9	-1.8	0.1	-0.1	-0.2	0.8	3.0	1.9	2.7	0.9	1.3
2007	1.1	0.0	0.4	0.6	-0.8	-0.9	0.2	0.6	-1.3	-0.5	-0.4	0.5

註：資料中的元月平均變動-0.1%，表示美元兌台幣匯價跌-0.1%，也就是
說台幣兌美元升值了0.1%。

（資料來源：彭博社，數據期間：2007至2011年）

歐元真會一文不值？

　　不知您是否發現，當2009年底歐豬五國爆發出歐債危機的
第一響時，市場所受到的震撼最大，所以歐元兌美元從1.514迅
速下跌至2010年6月的1.187，重挫近22%；2011年9月，希臘紓
困所引爆的第二輪歐債危機，歐元兌美元從1.455下跌至2012
年初的1.262，跌幅縮小為13%；由這二項數據顯示，歐債危機
造成的歐元市場恐慌性賣壓已逐漸具備免疫力，即便因歐洲經
濟二次衰退，歐元難以回到先前1.45美元以上的高位，但底部
已出現愈墊愈高，下檔相對有撐的局面。如果此時您只會被輿
論牽著鼻子走，人云亦云，很容易就陷入歐元即將會崩潰的言

論，掩蓋您的心智，不僅不敢在歐元極低的價位時撿便宜，甚至還會逢高不斷地加空歐元，孰不知自己已經陷入被軋空的重重危機當中。

　　腦袋清晰的贏家可就不一樣了，他們能清楚知道，法國新上任的社會黨領袖歐蘭德（Francois Hollande）總統，難道會不支持歐盟的紓困計劃嗎？如果不支持，那首當其衝銀行倒閉最多的將會是法國的銀行，因為他們買最多這些有問題的歐債；而群龍無首的希臘會退出歐元嗎！不論希臘是否退出歐元區，以希臘現今經濟陷入的困境，他有辦法自救嗎？這時得想一想，希臘可以賴皮欠錢不還嗎？講得聳動一點的是，想要一個國家傾覆，唯文化、經濟能用，也就是除非希臘鬧革命，改國號不承認以前所欠的債務，重新建國，不然希臘就一定得償還欠款，然而這對歐盟諸國而言，可不是好事，因為他們同坐在一條船上，這條船就是──「歐洲共同市場」；另外，再試想一下，有人欠你鉅額的錢時，難道不想討回來嗎！其實這些都是政客騙選票的戲碼，等進了廚房才知道熱，上台後一切都會以大局為重的，切勿庸人自擾！

　　獨立思考的贏家會經過深入的分析與判斷之後，認知歐元走勢的命運始終無法掌握在自己的手裡，主要還是得依附在美元走勢上而決定，而依美國2012年11月「總統大選」的重點戲碼來看，Fed主席柏南克是有史以來最配合執政總統的央行總裁，他骨子裡根深柢固的想法，就是屬意維持美國相對寬鬆貨幣政策來維繫經濟成長的最高指導原則，如此一來，金融市場仍然到處充斥著大量的美元，使得未來美元終將再回歸到長期緩跌的走勢，那麼身為世界第二大貨幣的歐元，也就只好被迫取代美元的貶值而呈現相對升值的走勢。

在沒有啟動升息的引擎之前，美元是不可能大幅轉彎向上的，當然，歐元也不是怎麼令市場放心的商品，值得去大量投資，歐債問題可說是冰凍三尺非一日之寒，非一朝一夕可以馬上解決的，恐怕至少得耗上個3至5年以上的時間，等歐洲經濟慢慢復甦，才得以逐步還債，解決先前沉疴已久的龐大債務。

因此，對歐元的投資僅能以跌深反彈的搶短心態視之，千萬不可過度樂觀盲目追高。在我看來，歐元未來走勢會在就算會漲也不會漲太多、會跌也不會跌太深的區間振盪，若以技術面來看，建議讀者若歐元兌美元走勢在季線（60日均線）之上時，以作多歐元為主；若在季線之下，則以作空歐元為主，那麼賺錢的機會應該會大很多！

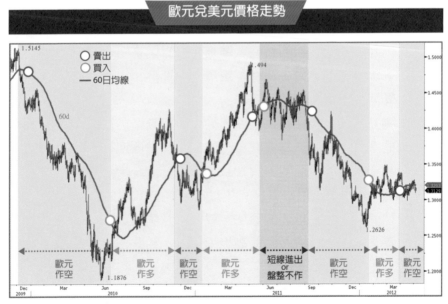

（資料來源：彭博社，資料時間：2009年12月至2012年5月）

換英鎊替補球員上場？

如果大家對歐元前景仍有所顧忌，而不敢冒然逢低搶短，同樣地，即使贏家也會面臨此一問題的困擾，但他不會陷入泥淖，反而馬上會去思考是否有其他貨幣可以取代歐元的角色，來分攤美元貶值所帶來非美貨幣推升的壓力。這時候世界上第三大貨幣的「英鎊」就值得被注意其投資價值，雖然英鎊與歐元因地區經貿及歷史文化背景，彼此間具有緊密的關係，以至於兩者貨幣長期匯價走勢幾乎一致，但是，隨著2009年底的歐債危機爆發以來，英鎊自此相較於歐元具備了抗跌的作用。

- 2009年初，歐元兌美元從1.514迅速下跌至2010年6月的1.187，重挫了21.6%；同時段，英鎊兌美元從1.687下跌至1.423，下跌15.6%，比歐元少跌了7%。
- 2011年9月，第二輪歐債危機，歐元兌美元從1.455下跌至2012年初的1.262，跌幅為13%；同時段，英鎊兌美元從1.645下跌至1.523，下跌7.3%，比歐元少跌了近一半。
- 2012年1月歐元兌美元從低位1.262反彈至4月底的1.328，彈幅為5.2%；同時段，英鎊兌美元從1.523反彈至1.63，上漲了7%，比歐元多漲1.8%。

上面這些數據證明，歐債危機發生後，英鎊相較於歐元不僅抗跌，且反彈幅度亦較大。因此，比照前文中的概念，英鎊未來亦將呈現區間振盪的向上走勢，若歐元逢低您不敢承接的話，則不妨可以考慮換「英鎊」這個替補球員上場，應該可以讓您搶短安心、賺錢放心！

　　同樣地，投資人也可運用技術面技巧來作進出場的依據，這裡建議讀者再加入MACD指標作為波段漲跌趨勢判斷的參考因素，若英鎊兌美元走勢在季線（13週均線）之上且MACD呈牛市向上的話，則以作多英鎊為主；若在季線之下且MACD呈熊市向下的話，則以作空英鎊為主。

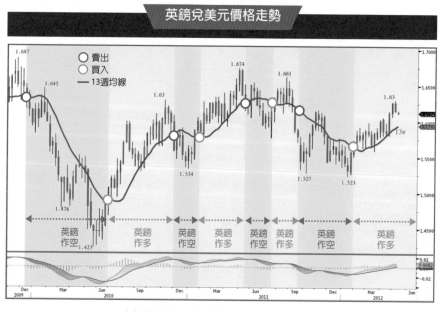

（資料來源：彭博社，資料時間：2009年12月至2012年5月）

　　由以上例子告訴我們，如何培養「逆向思維」在外匯投資中尤其重要，但並不是意謂著要與別人對幹，也不是要放棄「順勢而為」的原則，只是要隨時提醒自己勿人云亦云，失去贏家所應具備的獨立思考能力。

贏家二：有伺機而動的嗅覺

日圓走貶了嗎？
抓好時機，有錢不是難事。

　　贏家有一個共通的個性，就是內心比一般普通人來得沉穩冷靜，那就像台灣日據時代霧社事件中的主角，賽德克巴萊族首領「莫那魯道」一樣，隱忍在日本的高壓統治長達20幾年之後，才開始聚集各部落的力量，一同起義抗日。當然，做一個要賺錢的投資人是不可能等這麼久，頭髮都變白了怎麼有體力來操作外匯賺錢呢？我們只要從中獲得如何「隱忍」的啟示就夠了。

　　投資市場有一句名言：「忍耐就是一種投資」，這一點相信很少投資者能夠做得到。有些投資者一看好匯價買入，就恨不得匯價馬上朝著有利自己的方向走，最好是大幅躍進，夢想著一夜致富，但這種僥倖行情出現的概率很小，大多數情況是進場後事與願違，匯價總像與自己作對似的，朝著自己的反方向前進。這正是考驗投資者能否有忍耐力的時候，一定要嚴格按照原先的操作計畫來行事，看見其他幣種漲相好，就立刻換倉，或者是僅僅只賺了一點蠅頭小利就急忙拋出，往往是得不償失，可千萬不要像貪心的猴子一樣貪得無厭。

　　泰國人對捉野猴很有一套，他們先將椰子鑿出一個小孔，並在裡面放些花生，然後再將這些裝有花生的椰子放在野猴經

常出沒的椰子林區，野猴看到有吃的就一大群搶著吃，有的野猴右手伸進去一個椰子裡面搶花生，左手也伸進去另外一個椰子裡面搶花生，害怕自己吃不到。等到時機成熟後，人們就從暗處出來抓野猴，野猴一緊張就拼命的跑，一時之間，就看到野猴雙手還緊抓著椰子裡的花生不放，以至於無法迅速爬樹只好被人逮個正著。或許你會想野猴怎麼那麼笨，手伸出來不就好了，但就是因為野猴的貪心，不放掉手裡的花生才會被捉，人們就是利用野猴的這種貪心，才能讓野猴束手就擒。

從事投資工作的人，必須培養良好的忍耐力，因為這往往就是成敗的主要關鍵之一。不少投資者，並不是分析能力低，也不是缺乏投資經驗，而是欠缺了一份耐心，因過早的買入或賣出，招致無謂的損失。許多對沖基金介入匯市操盤時，慣用階段性炒作方式，也就是分段洗盤，好讓籌碼適度換手，以降低早期介入投資者獲利了結的多殺多賣盤出籠。此時，若一般投資人能清楚分辨出這種對沖基金製造的假象、炒作外匯的伎倆，而能耐心地保留手中的持匯，不要在這山望那山高，並適時地隨行情修正獲利了結點，就不會受騙上當、提前下車，甚至於還可以順勢搭上轎，順利賺得整個波段行情。

其實，一般投資人會比市場上的交易員來得幸運一點，就是能與市場保持安全距離，較不易被市場短線非理性的劇烈漲跌幅給被迫或驚嚇平倉出場。同時，因為全球匯市交易者眾，非某一特定團體資金就可以操縱主要國際匯價走勢方向。依長期的觀察分析結果發現，匯價大約每半年就會出現週期性價格循環波動的習性，我們可利用匯價線圖技術分析的技巧，不慌不忙、從容地操作匯價交易，輕鬆賺錢入袋。

　　這邊以美元兌日圓匯價為例，這幾年若投資人有介入美元兌日圓者，大都有刻骨銘心的慘痛經驗。市場多數人認為日圓在極低的利率水準環境及利差的劣勢下，理應走貶，但這又是一個「逆向思維」的明證，第1章已解釋過這幾年日圓會走升的原因，不過，如今日圓的情勢已改觀。

　　首先，常年累月日本國際收支帳順差已出現變化，2011年的貿易收支帳出現31年來首度的逆差；其次，因FED於2011年9月實施的「扭轉性操作」（Operation Twist），致使美債的短天期殖利率開始上揚，與日債短天期殖利率仍處於歷史新低位相比，開始產生吸引人的利差誘因，因此，2008年金融海嘯前日本國人盛行的利差交易（Carry Trade）又將重出江湖、捲土重來，國內資金開始出走移往海外尋找利率水準更佳的投資機會；最後，連國際熱錢，如對沖基金等獵豹也嗅到此套利的機會，更進一步大膽去融資低息的日圓，大玩槓桿倍數更大的衍生性外匯產品。所以，此時耐心等待多年的贏家，終於可以再一次逮到日圓走貶的契機，這些贏家運用上節所提到的季均線（如英鎊兌美元）技術分析技巧，利用美元兌日圓匯價線圖走勢的季線（13週均線）與MACD指標同步朝牛市或熊市發展，作為買入或賣出的依據，加上觀測季線與半年線（26週均線）交叉的時點，用來作為漲跌趨勢的進一步確認，以加強我們對行情再次加碼的信心（見附圖）。

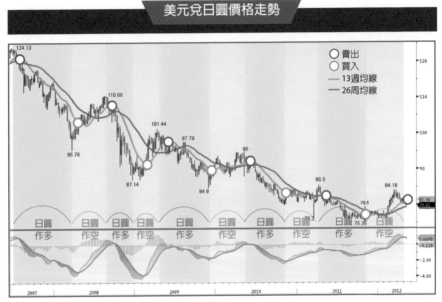

美元兌日圓價格走勢

（資料來源：彭博社，資料時間：2007年5月至2012年5月）

　　如附圖所揭露，2011年10月底，日本政府再次實施寬鬆貨幣以嚇阻日圓走升，有效拉抬匯價自歷史低位75.565日圓返回至季線之上，且同時見到MACD指標自底部翻揚的雙重印證，隨後在2012年1月初更看到睽違2年後的首次季線與半年線交叉向上，更加確認了匯價中長期向上發展的趨勢，果然匯價2月初就從76日圓一路飆升至84.18日圓，短短6週的時間，匯價漲幅就高達10.8%，等短線匯價拉回跌落季線下方及MACD向下整理時，投資人就可以反手操作，短暫作空美元、作多日圓，但別忘了匯價中長期上升格局已確定，因此，後市只要再看到匯價返回季線上方及MACD向上時，預期又是一次可以大膽作多美元、作空日圓的絕佳時點。

[贏家三：有果斷的手腕]

靜如處子，動如脫兔，
注意主力貨幣當局的腳步就對了！

亞洲貨幣除了日圓為國際主要貨幣，以及港幣與美元採聯繫匯率制度之外，其他如人民幣、韓圜、台幣、坡幣、馬幣、泰銖等貨幣，大多屬於有管理的浮動匯率制度。所謂「**有管理的浮動匯率制度**」，係指一國貨幣當局按照本國經濟利益的需要，不時地干預外匯市場，以使本國貨幣匯率升降朝有利於該國經濟發展方向的匯率制度，加上這些貨幣市場交易的池子普遍較小，又非國際主要交易貨幣，不能在24小時內隨時交易，只能在該國匯市有開市時才能進行交易，讓龐大身軀的國際熱錢巨鱷進出皆面臨不易順利脫身的窘境，以至於該國的貨幣當局有足夠力量來主導匯率走向，堪稱該國貨幣的主力，但先決條件，該國的外匯存底規模要足可以與國際熱錢的巨鱷相抗衡才行。

因此，若是當該國經濟情況良好及出口貿易順差時，就較能容忍幣值升值，此時就可隨市場作多該國貨幣，一旦該國貨幣當局出手阻升幣值時，就代表該幣升值已超出基本貿易條件，此時匯價將會陷入窄幅盤整，有時甚至是一灘死水，這時候果斷的贏家絕不會跟著主力貨幣當局對幹，除非基本面改變，貿易帳由順差變為逆差，否則也不會反向作多美元，將會

適時退場觀望，等到貨幣當局阻升棄守時，代表市場力量大於貨幣當局，匯價脫離盤整向下，這時果斷的贏家就應該跟著市場力量大的這方走，加碼作空美元，等到貨幣當局再出重手有效阻升時，就可以考慮獲利了結出場。因此，若要準確判斷亞洲主要貨幣走勢的話，只要跟著該國主力貨幣當局的意向去作交易就對了！

回顧1997亞洲金融風暴以前，東南亞國家的經濟已經連續10年高速增長，這些國家的銀行信貸以更快的速度增加，短期外債也達到前所未有的水平，其中相當多部分投向房地產，導致泰國和馬來西亞為首等國的資產價格巨幅膨脹，而自1984年以來實行了14年的泰銖與美元掛鉤的一籃子匯率制，此缺乏彈性的匯率制度全無考慮匯率風險，為金融危機的發生埋下伏筆，加上泰國政府對其外匯儲備逐漸枯竭不以為意，當年7月遭到國際對沖基金巨鱷索羅斯大量拋售泰銖後，陸續出現大量資本逃離泰國，即便泰國央行將所有的外匯儲備，用於維護釘住匯率制度，仍以失敗告終，而不得不放棄固定匯率制，隨即造成泰銖狂跌，很快地，危機就從泰國向其它東南亞國家蔓延，從外匯市場向股票市場延燒。

1997年這波泰銖風暴，韓圜及台幣卻撐到10月底才開始劇烈下跌，日圓甚至到11月才發生大跌，也就是說，當以泰銖為首的東南亞貨幣狂跌後，韓圜及台幣有2個月、日圓有3個月的逃命機會，這個機會點是很重要的，如果您是一位果斷的贏家，那麼，您會早在7月初東南亞貨幣出現大貶的徵兆時，第一時間就會趕緊作多美元，放空韓圜、台幣及日圓等相關的東北亞貨幣，為自己掙入不少財富。

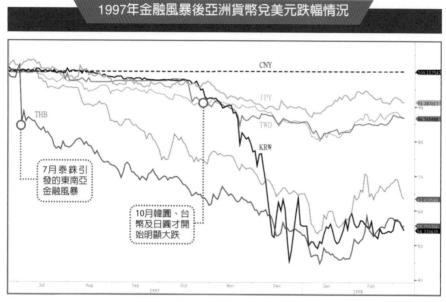

（資料來源：彭博社，資料時間：1997年7月至1998年3月）

歷史經驗可以引以為鑑，未來若同樣遇到某一個國際發生債務危機的時候，一定得趕緊聯想到其所屬區域經濟中其他國家的貨幣，也將會同樣受到池魚之殃的牽累，因為現今國際資金的投資者已充分具有分散風險的概念。

譬如，若看好亞洲地區的經濟發展，國際資金通常都會分散投資於亞洲各個主要國家的金融商品之中，一旦其中一個國家發生問題時，國際資金就會集體鳥獸散，並陸續從各個國家中抽身落跑。但在亞洲國家中，必須考慮到這些政府普遍皆有干預匯市的動作，以至於亞洲匯價時常會出現盤局現象（指匯率處於窄幅波動的局面），代表此時買家和賣家勢均力敵，多空對峙下暫時處於平衡的狀態，不過，一旦盤局遭受突破時，

往往就會產生大行情，此時最適合建立頭寸了。不論後市是往上升格局或是下跌格局去發展，只要果斷地勇敢順勢去追的話，通常獲利都蠻豐厚的，建議讀者可以多加留意此一千載難逢的突破時機。

贏家四：有敢於冒險的精神

勿孤僻，要好奇，
商品貨幣到處充滿機會？

一個賺錢的贏家，絕對不是個離群索居、桀傲不馴的獨行俠，而是個融入社會，時時刻刻注意國際情勢，對偶發事件充滿好奇，凡事探求緣由的「福爾摩斯」。經常在匯市裡打混的投資人一定常有這樣的經驗，當匯市在預期即將公布的經濟數據，或是某種重大事件傳言剛產生時，匯市會馬上作出反應，不過，一旦當預期的事件真正實現或傳言被證實之後，反而出現了逆轉的行情（即利多或利空出盡）。這似乎預示我們，要想在匯市裡賺到錢：第一、要有膽識作立即判斷、勇於入場；第二、手腳要快，消息一揭露就要即刻獲利了結出場。

所謂「天下無白吃的午餐」，獲利總是依著風險而生，「要偷雞也得先蝕把米」，當我們要下交易之前，一定要想清楚獲利和損失發生的可能性，通常風險與獲利的比例至少應該為1：1.5，假設獲利的空間為2,000美元，而損失的空間只有1,000美元時，則其風險與獲利比是1：2，那麼這個交易就值得大膽一試。

各種不同貨幣的價格有其不同波動性的差異，波動性大的貨幣，交易獲利空間較大，但同時虧損幅度也會比較大，任何風吹草動便會風雲變色；因此，要立即行動敢買快賣，且部位

不宜久留，所以市場稱之「**風險貨幣**」；相反地，波動性小的貨幣，交易獲利或損失的空間就比較小，難有油水可以撈，所以市場稱之「**避險貨幣**」。

風險貨幣泛指市場認為與風險性資產相關的貨幣（見附表）。風險貨幣只是一個市場廣泛用語，其範圍甚廣，可泛指非美元貨幣，但排除了避險貨幣，如瑞士法郎、日圓及美元等貨幣，一般市場所稱的風險貨幣，大多以澳幣、紐幣、歐元、英鎊等為代表。

投資這些風險貨幣的贏家通常與哈佛小子林書豪一樣，擁有一顆比較大的心臟，勇於冒險，發掘強勢貨幣。那麼，如何斷定哪一國的貨幣為強勢貨幣呢？

首先從「看景氣面挑強勢幣別」做起，一般來說，匯率的升貶值主要受到兩國間經濟成長力強弱所影響，當一國經濟成長表現較佳者，由於該國內需求強勁且市場活絡，較具投資價值，在外幣陸續匯入的驅動下，往往該國具有貨幣升值的壓

風險性資產的種類與幣別

種類	代表幣別
高收益貨幣	以澳幣、紐幣、南非幣、巴西幣、印度幣等為主。
原物料貨幣	又稱商品貨幣，以加幣、南非幣、澳幣、紐幣、巴西幣、墨西哥幣、俄羅斯盧布、挪威克朗等為主。
歐系貨幣	以歐元、英鎊、澳幣、紐幣、加幣等為主。
新興市場貨幣	以 (1) 金磚4國（巴、俄、印、中）；(2) 新鑽11國（墨西哥、印尼、尼日利亞、南韓、越南、土耳其、菲律賓、埃及、巴基斯坦、伊朗和孟加拉）等國家為主的貨幣。

力。因此，像上段提到的金磚4國及新鑽11國等新興市場貨幣，因其具備高度的經濟成長力，較易受到國際資金青睞而使其幣值走揚，但因這些國家大多處於開發中國家，經濟規模相對來得小，一旦國際龐大資金的大白鯊跳入這些小池塘中，當然會使得池塘水花四濺，也因為池塘水在經過大白鯊攪和之後，溢出不少，當大白鯊一走時，池水馬上容易乾涸，所以，新興市場貨幣的波動度，一般比已開發國家貨幣高出很多，具有敢漲敢跌的特性。

另外，2010年底突尼西亞爆發的「茉莉花革命」，對北非及中東地區等國家政局產生了極大的動盪，而這些國家又是世界上主要的產油國，使得如北海布蘭特油價由每桶的85美元一口氣飆升至2011年4月的127美元，至2012年3月仍然曾再度來到128美元高價。雖然第二季為傳統淡季，油價見到回檔修正，但2012下半年的景氣仍不看淡，而且至2015年之前，全球景氣應該還是處在景氣上升階段，油價想要再回到80美元以下，已經是不容易的事。因此，原油、國際原物料及貴金屬礦產等價格，預期未來仍將維持振盪走高的榮景，其相關的原物料貨幣，像澳幣、紐幣、南非幣、加幣等也經常受到國際資金的追逐，呈大漲大跌之勢，亦形成了波動度相對過大的局面。所以，要充分掌握及操作這些強勢貨幣的難度很高，這可真正印證了：有利可圖之處，必是風險愈大的地方。投資人除了心臟要夠強之外，手腳也要更快才行。

但是我們這些市井小民的小魚要如何對抗國際熱錢的大白鯊呢？聰明的投資人鐵定不會莽撞地跟牠正面衝突，當然要學會如何趨炎附勢，跟著牠後面當個小跟班的，老大吃肉，小弟只要喝湯就足夠溫飽了，有時搞不好還會太撐勒。怎麼說呢？

因為這些國際熱錢的大白鯊由於體積太過於龐大，動起來聲勢浩大，要不發現牠的蹤跡都很難，牠若要轉彎也會像航空母艦一般，不是那麼容易馬上轉的，我們這些小魚跟在後面還來得及反應，不至於受傷太大。

要如何發現大白鯊啟動行情的蹤跡呢？這些國際熱錢的專業法人在操作匯價的時候，同時也會同步利用外匯衍生性商**品來以小搏大，放大槓桿效果**，壯大牠的聲勢，以便容易主導行情走勢，來賺更大筆的錢，而這些外匯衍生性商品的下單動作，就是我們可以追蹤的目標。

譬如說外匯期貨（Futures），例如當歐元兌美元期貨淨多單口數持續增加時，代表歐元行情看漲；反之，當歐元期貨淨空單口數持續增加時，代表歐元行情看跌，請見範例附圖。

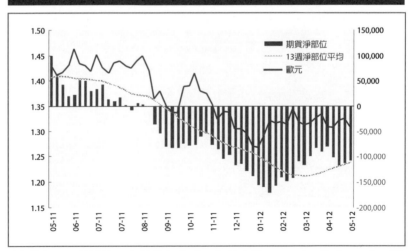

（資料來源：彭博社，台新銀行整理，資料時間：2011年5月至2012年5月）

　　由於外匯衍生性商品具有價格發現的功能，從以上外匯期貨市場的專業法人進出動態中，我們可以輕鬆判定，從2011年9月以來，歐元兌美元就開始邁入偏空的環境，從此判別出歐元絕對不是一個未來的強勢貨幣，但哪天歐元兌美元的期貨部位開始由空轉多時，就應該開始同步改把歐元重新扭轉為強勢貨幣的看法。

　　另外，我們若觀察澳幣兌美元於期貨市場中的表現，就發現到澳幣持續仍維持在淨多單口數的倉位，代表澳幣行情將呈現看漲的局面，此時可判別出澳幣未來具備有強勢貨幣的能耐，請見範例附圖。

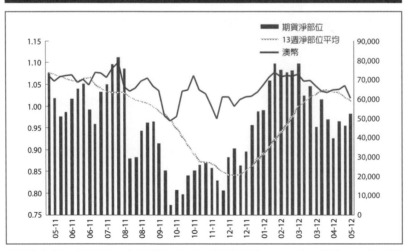

澳幣／美元走勢 vs.澳幣期貨淨部位

（資料來源：彭博社，台新銀行整理，資料時間：2011年5月至2012年5月）

其他,如2015年5月底英鎊兌美元外匯期貨部位開始由空翻多,投資人得趕緊同步作多英鎊;如2012年2月中旬日圓兌美元外匯期貨部位開始由多翻空,投資人則趕緊同步作空日圓;想必後市應該都能獲利不斐,<u>請見範例附圖</u>。

（資料來源：彭博社,台新銀行整理,資料時間：2011年5月至2012年5月）

同樣地,若澳幣兌美元的期貨部位開始由多轉空時,就應開始同步改把澳元重新扭轉為弱勢貨幣的看法。

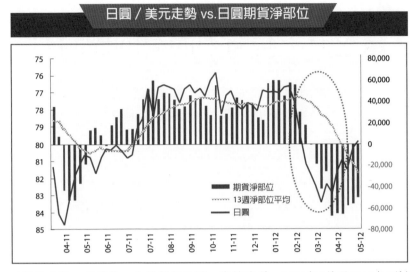

日圓／美元走勢 vs.日圓期貨淨部位

（資料來源：彭博社，台新銀行整理，資料時間：2011年4月至2012年5月）

　　以上這些有關於各幣別於期貨市場上多單與空單部位的情況，讀者可以到路透社的網站，找尋美國商品期貨交易委員會（CFTC）每週五公布，以週為單位所做的期貨部位統計數據，就可以輕而易舉地從各主要國際幣別中，判斷出哪些具備未來強勢貨幣的明星相。

[贏家五：有量力而為的控制力

懂得資金控管，作好最壞的打算，
局勢動亂就握有美元及日圓？]

　　想成為匯市的終極贏家，就要比誰的氣長、比誰能走到最後的終點站來論輸贏，因此，如何保護投資人的利得？一個投資完善的資金控管計劃，為是否能夠獲取長期且穩定利得的重要因素。

　　贏家在匯市投資朝有利或不利的方向走時，其資金控管的策略是不同的，**當一筆投資處於獲利階段的時候，很重要的一點就是，把該筆投資的停損點相對地提高**，如此一來，即便投資者希望持有這個倉位至更長的時間，也不會淪為被迫提早下車去停利，而能更安心地去獲取更多的利得，因為這樣就是做好了「以小搏大」的準備，即便該筆投資價格回跌，碰觸到停損點，至少已經讓最小的盈利獲得保證。

　　另外，若作多某種貨幣之後，該貨幣匯率上升，此時應當繼續加碼投資，但是必須遵循「**每次加碼的數量要比上次投入的要少**」的原則，就像堆「金字塔」的方法一樣。當價格愈高，其接近頂峰的可能性就愈大，風險就更高，因此，再投入加碼的金額就應該相對減少，以減輕風險累積過大。

　　當一筆投資處於虧損階段的時候，我在此又要不厭其煩地提醒「停損」的重要。贏家總是銘記在心的鐵律就是：「今

天不停損、明天鐵損失」，要把停損當成家常便飯，以平常心來對待，就像學溜冰一樣，沒有摔倒個幾次，又怎麼能夠學會呢？

　　投資人總是希望能獲利多、虧損少，但通常留倉的結果卻是獲利的倉位少，虧損的倉位多，問題常常就出現在：沒有落實停損的決策。聰明的贏家往往都會嚴記這幾個數字：

1. 有20%的虧損，需要25%的獲利，來達到損益兩平（這相對看起來還容易一些）。
2. 有40%的虧損，需要66.67%的獲利，才能彌補損失（這要達到就很難了）。
3. 有50%的虧損，需要100%的獲利，才能回補損失（這幾乎是不可能的事）。

　　因此，就我個人的投資經驗來說，匯市20%的虧損已經是資金控管最大損失的極限度。

　　在這個世界上沒有人敢打包票說他的每一筆交易都是賺錢的，所以，只要當你的某次交易虧錢時，就趕快忘掉它吧！把注意力趕緊轉移到下一次交易上，否則的話，你的心情將遭受嚴重干擾而愈虧愈多，以至於令自己陷入無法自拔的自責困境中。

　　外匯市場的波動起伏不可能一直是風平浪靜的，贏家永遠有作最壞打算的準備，匯市一旦遭遇政經情勢緊張氣氛打擊時，這時就想想「避險貨幣」，還好有它可以當避風港，躲避停泊一下。

　　避險貨幣，也可以稱之為「保值貨幣」，具備不易受到政治、戰爭、天災、市場劇烈波動等因素影響的特性，當景氣經濟情勢良好，國際資金自然會去追逐報酬高的風險性貨幣，但當國際投資氣氛轉為緊張悲觀，遇到暴風雨時，國際資金不可能憑空消失，當然就會回港避難以減少可能造成的損害。

　　市場公認的傳統避險貨幣首選是瑞士法郎，其他如美元及日圓也經常被充當為避險貨幣的一類，這3種避險貨幣都有一個**共通的特徵，就是利率水準極低**，符合低風險、低報酬的基本原理。

　　由於瑞士奉行中立國和不結盟政策，許多國際組織總部設在此地，所以瑞士被認為是世界上最安全不會有戰亂的國度，加上瑞士政府對金融及外匯採取的保護政策，瑞士的銀行體系以全球最嚴格的保密系統著稱，吸引世界各地富豪的資金、置產及移居至瑞士，我們台灣的海角七億一度也流往這裡，可見「安全」及「保密」的特質深植全球人心。另外，從近10年來價格走勢即可得知，歷史上只要國際政治局勢緊張、重大危機及經濟衰退時，匯市必將出現慘烈的利空，這時就會有大量的國際資金湧入瑞士法郎去避險，例如1990年伊拉克入侵科威特時，瑞士法郎3週內就大漲了9%；2001年，美國911恐怖攻擊事件發生後，瑞士法郎連續7個交易日收紅，上漲了6%之多，因此，瑞士法郎迄今一直成為穩健、受歡迎的主要國際結算與外匯交易貨幣之一。

　　市場上有一個用來觀察國際投資氣氛好壞的指標——「**恐慌指數**」（Volatility Index, VIX，即波動率指數）。從以下VIX vs. CHF-EUR（瑞士法郎兌歐元）的歷史價格走勢圖中，我們可以清楚得知，2001年，美國遭受911恐怖攻擊之後，於2002年

VIX vs. CHF-EUR價格走勢圖

（資料來源：彭博社，資料時間：2002年1月至2012年3月）

初將伊拉克列為邪惡軸心，使整個中東局勢的戰事升溫；2008
年的金融海嘯及2010年和2011年，兩次的歐債危機造成國際金
融市場的恐慌下，恐慌指數VIX飆高，而且看到瑞士法郎兌歐
元的匯價，也呈現同步飆升的情況。

恐慌指數為芝加哥選擇權交易所的波動率指數，用來反映
S&P 500 指數期貨的波動程度，並測量未來30天市場預期的
波動程度，通常被使用來評估未來風險，因此俗稱「恐慌指
數」。當VIX指數飆高時，通常指數超過40時，代表市場震
盪變大，市場投資人對於未來行情看法恐慌、悲觀。當VIX
指數下降，通常指數低於20時，代表投資人對未來市場行情
預期趨於穩定、樂觀。

　　那麼為何美元及日圓也經常被充當為避險貨幣呢？由於美元為國際金融市場中主要的拆款貨幣，一旦市場發生重大利空時，各金融機構為了保有己身的資金流動性，不敢隨意拆借，甚至會紛紛搶購美元，一方面可為自家增加活水，一方面過剩的資金還可趁機在市場放高利貸，以賺取短期鉅額利息報酬，因此，市場利空時投資人會競相把資金移往美元資產去避難，所以美元才有避險貨幣的稱號。由以下的附圖我們可以發現，恐慌指數VIX與美元指數也同樣於2002、2008、2010、2011年中呈現同步飆升的情況。

VIX vs. DXY美元價格走勢圖

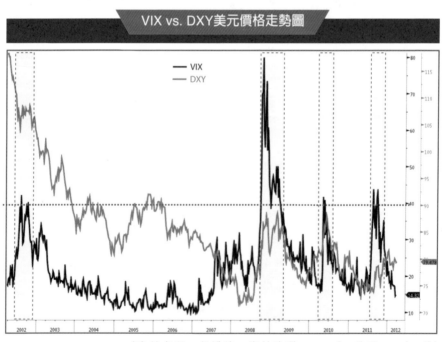

（資料來源：彭博社，資料時間：2002年1月至2012年3月）

　　至於日本因為長期處於極低的利率水準，因而日圓成為國際資金大量融資借錢的貨幣之一，等借到的日圓在國際金融市場上進行套利交易，在利差可圖下，去投資股市、能源期貨、新興市場債券、高收益貨幣，但一旦投資市場有重大利空風吹草動時，套利交易風險相繼升溫，投資人為了持盈保泰，便會賣出套利標的，進而在市場上收刮日圓，趕緊把先前借的日圓還掉，此時國際匯市炒家也會加入作多日圓的陣營，讓日圓走升，火上加油，從而讓日圓也成為市場利空時，另一個避險貨幣的封號。由以下的附圖我們可以發現，恐慌指數VIX與日圓

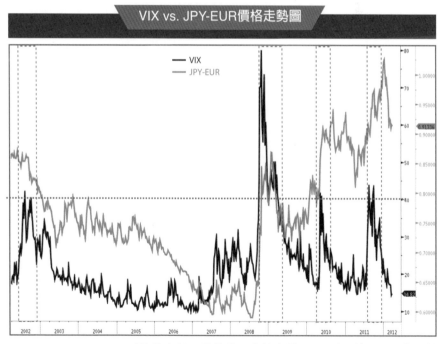

VIX vs. JPY-EUR價格走勢圖

（資料來源：彭博社，資料時間：2002年1月至2012年3月）

兌歐元的匯價也同樣於2002、2008、2010、2011年中呈現同步飆升的情況。

　　所以，時時刻刻要學習贏家遵守資金控管的紀律，隨時作好最壞的打算，未來一旦金融市場再度出現恐慌氣氛時，就可以注意恐慌指數VIX是否有飆升的跡象，若有的話，第一時間就要趕緊把風險性貨幣移往美元、日圓及瑞士法郎等這3種貨幣去避難，這樣才能讓您的貨幣總資產不至於縮水，甚至於比別人還有更多的增值空間。

[
贏家六：有精準的獨特眼光

找出一條適合自己走的路，
黃金是一個不錯的選擇？
]

在外匯交易市場上，經常看到一些投資人在窮忙，雖然這些投資人在交易前已經事先擬訂好了投資的計畫及策略，但是真正步入實際的外匯市場，卻經常被外界的環境所左右。譬如說，預先已決定好當某個貨幣下跌時就會立即買進，但是一看到市場上其他眾人都在拋售時，則那隻買匯的手又縮了回來；或者是，事先根本就沒有計畫要買入某貨幣，一看到市場上其他眾人都在搶購時，心理發癢，開始經不住誘惑也下場撩下去。所以，投資人要作外匯之前，需要瞭解自己的性格，若個性容易衝動或情緒化嚴重的人並不適合這個市場，成功的贏家大多數能夠控制自己的情緒，且有嚴謹的紀律性，能夠有效地約束自己，但畢竟人非聖賢、孰能無過，只要誰能把錯誤率降至最低，誰就是最後的贏家。

交易其實就是在交易您自己的個性，您是屬於什麼樣個性的人會在交易上表露無遺。若您是屬於那種什麼樣的貨幣都想嘗試交易一下，任何機會都想抓一把的人，隨波逐流還想大小通吃，那麼下場往往都與大多數人一樣，虧損累累，更重要地是會失去了自己的個性與快樂。也許您可以改變自己的個性去適應某一種貨幣交易，但是成功的機會微乎其微，也或許只能

改變一點點，但卻讓您付出極大的代價，這真是所謂：「江山易改，本性難移」。不過，雖然能找到適合自己交易的貨幣相當不容易，但您終究得要去外匯池子裡撈一撈才知道，若找到了與自己的Tone十分吻合之後，那麼往後的交易就可以一勞永逸了。

一般大眾普遍刻板印象認為，外匯市場是個風險極高的地方，但我認為只要僅是承作現貨交易，而非承作外匯衍生性商品去暴露更大的風險外，即便握有仍在續跌的貨幣，也終究還是實際的錢，沒有賠光的道理，但是若投資股票或公司債等有價證券，一旦該投資的公司倒閉可是索求無門，手上握有的僅是一張無任何價值的憑證，其最大的功用就是當壁紙。

難怪！之前台灣內閣官員財產公佈後，號稱最會理財的劉前部長，一張股票都沒有，主要資產大多以黃金持有為主，其實於2009年初我就聽過劉前部長的演講，當時因Fed已將聯邦基金利率降至0到0.25%目標區間的歷史新低，她從此就認為美元將會一蹶不振，而當時正位處於金融海嘯肆虐過後，各國經濟百廢待舉，各國貨幣都不值得青睞，自然黃金就代替美元，成為最佳的投資商品標的；因此，她會把絕大多數資產全押在黃金身上，我一點也不會感到意外，如今回頭一看，每盎司黃金已從2009年的800漲至2012年的1,600美元，才3年期間就足足漲了1倍，每年投資報酬率高達33%，不得不佩服劉前部長真的是位獨具慧眼的贏家。

到底美金是錢，還是黃金是錢呢？您看市場的投資人皆稱呼1盎司黃金等於1,600美元，有聽過1美金等於多少的盎司黃金嗎？所以視美金為錢，一點也不為過。可是，美金從2002年以

來卻是一路走跌，如果您從那時就一直握有1萬元美鈔的話，現在恐怕只值約6,500美元而已，等於資產縮水了35%。倘若您把1萬元美金用來買當時每盎司276美元的黃金時，可購入約36.2盎司的黃金，若以現在市價1盎司黃金為1,600美金價格賣出的話，共可獲得約58,000元左右的美金，足足是當初投入金額的5倍之多，看來黃金才真正值錢，才是貨真價實的貨幣。其實，美金與黃金都是受世人所青睞的貨幣，都是資產可停泊的標的，我們不能事後諸葛，怎麼會知道10年後，美金會跌這麼多？而黃金會漲那麼多？

但無庸置疑的美金與黃金確實存在著抵換關係，也就是美金漲＝黃金就跌；美金跌＝黃金就漲，大家可以參考第一章中的美元與黃金走勢圖（見p.55）便可瞭解，從1995年起兩者之間的波動性才有明顯變化，這17年來，的確美金與黃金存在著很強的反向關係，若用統計工具跑出兩者間的相關係數為-0.747，表示有74.7%的機率呈現負相關，同期間，西德州油價與美金亦呈負相關，數據高達80.8%。

西德州油價與黃金同屬原物料類別，並呈現高達82.3%的正相關，從1995年到2001年中，美元漲了6年（DXY指數從81上漲至119），黃金就跌了6年（每盎司由391下跌至258美元）；從2002年到2008年，美元跌了6年（DXY指數從121下跌至71），黃金就漲了6年（每盎司由276上漲至1,032美元）。其主要原因為何？歸咎於金價乃是以美元為計價的緣故，加上美金紙幣與黃金實體貨幣兩者間的替代作用。所以，當美元弱勢時，金價當然就強勢；美元走強，金價當然就走弱。從17年來兩者價格走勢（見附圖）也可得知，美金漲跌時的幅度大致平均，但黃金存在著「漲多跌少」的特性。

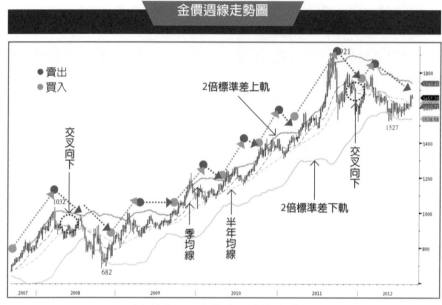

金價週線走勢圖

（資料來源：彭博社，資料時間：2007年9月至2012年8月）

　　如果您在茫茫大海的貨幣當中，還撈不出哪一種貨幣適合您去投資與操作的話，建議您可以效法獨具慧眼的贏家——劉前部長，或許黃金是一個不錯的長期投資貨幣的選擇，她秉持著美元沒有大幅採取升息收緊銀根之前的原則，因大量氾濫成災的美元將壓抑其本身價格沒有大幅向上升值的空間，那麼黃金依舊能繼續保有其長期上漲的優勢。從上圖2007年黃金從602美元上漲至今，僅有2008年因金融海嘯衝擊從3月回檔至10月，修正了7個月的時間，但當年度還是正報酬5.7%，因此，如何選擇黃金的進出點，就是致勝的關鍵。

　　自2007年以來黃金大漲出現兩次超漲（overshooting）的情況，分別是2008年3月的高價1,032美元及2011年9月的高價1,921美元，這兩次皆超過圖中2倍標準差的上軌（趨勢通道的上軌趨勢線）。這在前面第3章的技術分析中有提到過，一般金融商品歷史價格95.4%的機率都成交在2倍標準差的範圍區間之內，也就是說，當價格超過2倍標準差範圍之外的機率僅剩4.6%，當然就不應該再盲目追高了，更何況也超出近10年來平均黃金年度漲幅20%以上，若還會被高檔套牢，只能怪說沒學好技術分析了？

　　由於自2007年以來金價的長期上漲格局還未遭到破壞，在後市仍然看漲下，當然可以逢低承接，同樣道理，若金價跌破2倍標準差的下軌線（趨勢通道的下軌趨勢線）時，就是絕佳撿便宜貨的時候，依2007年以來金價的上升格局來看，僅發生在2008年10月回跌至682美元，但爾後3週內就即刻彈回，這個低位發生在季線與半年線交叉向下後約5個月的時間出現，而2012年5月時，又再度位處於2011年12月這波金價回檔，季線與半年線交叉向下後，同樣遇到達5個月的時間，且同樣短暫跌破2倍標準差的下軌線，而出現嚴重超跌的現象，讀者可觀察約1,500至1,550美元處，如今看來，果然再次應驗了，又是一個千載難逢，撿便宜貨的時候到了。

　　不過，別忘了任何投資都要善設停損點，作最壞的打算，萬一金價長期走空怎麼辦？讀者僅要盯住讓金價長期走空的主要兩大理由就可以：(1) 美元大幅升息，且DXY指數（美元現貨指數）飆升至90以上，代表國際資金大量流向美國本土，黃金的替代效果完全消除；(2) 全球經濟崩潰、衰退，且陷入通貨緊

縮的窘局,這是因為當大家全都勒緊褲帶吃不飽了,哪還有閒錢去買黃金呀?這時候肚子將戰贏面子,黃金就不再值得投資了。

　　以上這6個贏家的腦袋,希望讀者都能學到其中的精髓,我想跟著變有錢應該是指日可待之事,願以此書與您結緣,要辦大賺錢慶功宴的時候,可別忘了要邀請我喔!

附錄　從事外匯市場者必須知道的交易術語

- **直接報價法**（Direct Quotation）：又稱價格報價法（price quotation），此為單一單位的外國貨幣折合若干本國貨幣的所表示的匯率報價法。例如1美元值29.480元新台幣，或1美元值30.810泰銖，一個直覺的說法是美元在此扮演的是「商品的角色」，而台幣扮演的是「貨幣的角色」。世界上大部分國家為直接報價，即大部分視美元為商品，將美元稱之為被報價貨幣。

- **間接報價法**（indirect quotation）：又稱數量報價（volume quotation），此為一單位的本國貨幣折合若干外國貨幣所表示的匯率報價法。例如1歐元值1.3487美元，1英鎊值1.6167美元。此處本國貨幣（歐元，英鎊）是扮演商品的角色，而外國貨幣（美元）是扮演貨幣的角色。屬於大英國協的國家較傾向用間接報價，如英國、澳洲、紐西蘭、歐元等為被報價貨幣。

- **交叉匯率**（Cross Rate）：指兩種不同貨幣之間的價格關係，兩國間的貨幣匯兌是利用各自對美元的匯率套算得出，其基準貨幣及相對貨幣皆未出現美元的報價。

- **雙向報價**（Two-way Quotation）：在外匯市場上，由銀行交易員同時報出買入與賣入的匯率（Bid and offer Rate），用以表示銀行願意從事任何一方的交易。

- **合約**（Contract）：外匯交易的標準單位。

- **價差**（Spread）：買入與賣出價格的差額。

- **買價**（Bid Price）：該價格是市場在一外匯交易合同或

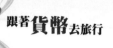

交叉貨幣交易合同中，準備買入一貨幣的價格。以此價格，交易者可賣出基礎貨幣，它為報價的左邊價格，例USD／TWD 29.465／29.470，買入價為29.465，表示報價者所願意提供您賣出1美元兌29.465台幣。

■ 賣價（Offer or Ask Price）：在一外匯交易合同或交叉貨幣交易合同中，一指定貨幣的賣出價格。以此價格，交易者可以買進基礎貨幣，它為報價的右邊價格，例USD／TWD 29.465／29.470，賣出價為29.470，表示報價者願意提供您買入1美元兌29.470台幣。

■ 在倉（Open Position）：指帳戶中尚未結算的交易，此時投資人的利益將受外匯匯率走勢影響。

■ 平倉（Close Position）：帳戶中已出場結算的交易。

■ 盈虧（Closed Trade Profit／Loss or P／L）：指已平倉交易的兌現利潤或損失。

國家圖書館出版品預行編目資料

跟著貨幣去旅行：首席外匯策略師教你輕
鬆玩、聰明賺／陳有忠著.--初版. -- 新
北市：葉子, 2012.10
　　面；　　公分. --(財經晚點名)
ISBN：978-986-6156-10-6(平裝)

1.外匯投資 2.投資技術 3.投資分析

563.5　　　　　　　　　　101018914

財經晚點名

跟著貨幣去旅行 　首席外匯策略師教你輕鬆玩、聰明賺

作　　　者：陳有忠
出　　　版：葉子出版股份有限公司
發 行 人：葉忠賢
總 編 輯：馬琦涵
企劃主編：范湘渝
專案行銷：高明偉
美術設計：觀點設計
印　　　務：許鈞棋

地　　　址：222　新北市深坑區北深路三段 260 號 8 樓
電　　　話：886-2-86626826
傳　　　真：886-2-26647633
服務信箱：service@ycrc.com.tw
網　　　址：www.ycrc.com.tw

印　　　刷：柯樂印刷事業股份有限公司
I S B N　：978-986-6156-10-6
初版一刷：2012 年 10 月
新 臺 幣：280 元

總 經 銷：揚智文化事業股份有限公司
地　　　址：222　新北市深坑區北深路三段 260 號 8 樓
電　　　話：886-2-86626826
傳　　　真：886-2-26647633

※本書如有缺頁、破損、裝訂錯誤，請寄回更換。

版權所有　翻印必究

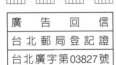

廣　告　回　信
台 北 郵 局 登 記 證
台北廣字第03827號

222-04
新北市深坑區北深路三段260號8樓

葉子
Leaves
Publishing

揚智文化事業股份有限公司　　收

□□□-□□

地址：　　　市縣　　　鄉鎮市區　　　路街　段　巷　弄　號　樓

姓名：

葉子出版股份有限公司
讀・者・回・函

購買的書名 _____

姓名 _____ 性別 □男 □女 年齡 _____

E-mail _____

教育程度□高中職以下□大專□碩士□博士以上

職業別 □學生 □服務業 □軍警 □公教 □資訊 □傳播 □金融
　　　　□製造生產 □其他 _____

購書方式 □書店 _____ □量販店 _____
　　　　　□網路 _____ □其他 _____

購買原因 □喜歡作者 □對書籍內容感興趣 □生活或工作需要
　　　　　□其他 _____

喜歡哪一類型的書籍 _____

希望本公司出版哪方面的書籍 _____

您的寶貴意見 _____
_____
_____

感謝您購買本書，填寫完畢請您直接寄回（免貼郵票），我們將不定期寄發最新書訊，以及優先通知您相關優惠活動。